그는 그날 머리를 쓸어넘기지 않았다

그는 그날 머리를 쓸어넘기지 않았다

좌파 아이콘 조국

이준우

기파랑

좌파의 공정한 사회

국회 보좌진으로 근무한 지 18년 정도 흘렀다. 16대 국회 말 의원실 인턴으로 사서함 문서 수발하며 국회 보좌진 일을 시작했다. 2008년 18대 국회 때 처음 보좌관 직책을 달고 21대 국회까지 근무했다. 국회에서 젊음과 일상을 바쳤다.

정부는 행정부, 입법부, 사법부 세 축으로 운영된다. 이중 입법부에서 일한 걸 행운으로 여긴다. 국민에 의해 선출된 국회의원을 보좌하여 국민의 편익을 위해 시대에 맞지 않는 법을 개정하거나 제정하고(입법권), 세금이 허투루 쓰이지 않도록 예·결산을 심사하고(예산통제권), 잘못된 정책이나 권력형 비리를 견제하는 일(국정운영통제권)에 보람을 느꼈다. 국정감사와 임시국회, 법안심사, 예·결산심사, 청원심사 등은 1년 농사일처럼 매년 큰 틀에서 반복된다. 하지만 감사·심사 내용은 늘 새로웠다. 해가 갈수록 업무 노하우가 쌓였다. 여야가 합의로 여는 국정조사나 인사청문회, 특별위원회 등에도 여러 번 참여했다. 세월이 흘러 자연스럽게 의회 전문가가 됐다. 국회 외 업무도 했다. 4년에 한 번씩 국회 의원 선거도 뛰었다. 당대표를 선출하는 전당대회와 국민의힘 윤석열 대통령 후보 중앙선대위에서도 활동했다.

국회에서 일하는 동안 줄곧 우파 정당 소속 의원실에서 일했다. 그 사이 정권교체가 세 번 있었다. 국민은 좌파(노무현) → 우파(이명박/박근혜) → 좌파(문재인) → 우파(윤석열)에게 기회를 줬다. 정권 교체가 있을 때마다 모멘텀이 있었다. 노무현 전 대통령은 정권의 명운을 사립학교법 등 '4대 개혁 입법'에 걸었다. 국정운영이 뜻대로 되지 않자 "대통령직 못 해 먹겠다"고 했다. 국민은 정권을 바꿨다. 기업 CEO 출신 이명박 전 대통령에게 나라를 맡겼다. '국민 성공시대'를 내세운 이 전 대통령은 CEO 아래 일사불란하게 움직이는 주식회사 대한민국을 기대했지만, 국민은 직원이 아님을 깨달았다. 광우병 가짜뉴스로 촉발된 촛불시위는 국론을 분열시켰고 4대강 사업은 정권 내내 정쟁거리가 됐다. 그래도 국민은 우파 10년에 기대를 걸었다. 세계 10대 경제 대국의 기틀을 다진 박정희 전 대통령의 딸 박근혜 전 대통령에게 나라를 맡겼다. 외교에 탁월한 성과를 내며 국격을 올렸다는 평가를 받았으나, 최순실(개명 후 최서원) 국정농단 사태가 터졌다. 노 전 대통령에 이어 두 번째 탄핵 대통령이라는 오명을 남겼다. 2013년 국정감사에서 윤석열 검사는 "사람에게 충성하지 않는다"는 말로 국민에게 강한 인상을 주었다.

같은 해 10월 21일 조국 서울대 교수는 자신의 트위터에 이 말을 인용하며 "두고두고 내 마음 속에 남을 것 같다"고 했다.

탄핵 후 국민은 문재인 전 대통령에게 나라를 맡겼다. 9년 만에 좌파 정권이 들어섰다. '기회 평등, 과정 공정, 결과 정의'를 내세운 문 전 대통령은 '사실 정반대의 길을 걸어 온' 조국을 민정수석으로 기용했다. 적폐 청산에 열을 올렸다. 이듬해 여름 조국은 더불어민주당 국회의원들에게 자신과 아들의 한영외고 시절 의혹 등을 해명하는 단체 메시지를 보냈다. 곧이어 법무부 장관 후보로 지명됐다. 기자들과 함께 조국 의혹을 검증하기 시작했다. 우연히 조국 딸 조민의 부산대 의전원 장학금 비위 의혹을 처음 발굴했다. 이후 기자들과 유기적으로 협력하여 조국 의혹을 연이어 제기했다. 워낙 루머가 많아 피감기관이 제출한 문서에서 확인된 내용만 공개했다. 그래도 하루가 멀다고 의혹이 쏟아졌다. 조국 사건은 '조국 사태'가 됐다.

전국 학부모들이 광장으로 나왔다. 내 자식도 귀하다고 했다. 문 전 대통령은 버텼다. 민주당 지지자가 이탈하기 시작했다. 그래도 버텼다. 분노한 시민 100만 명이 서울 광화문광장에 모여 '조국 구속'을 외쳤다. 가재, 붕어, 개구리도 일어섰다. 전국 대학생과 청년들이 '조국 OUT'을 외쳤다. 조국은 의혹을 부인했다. 증거를 제시하면 "저는 분명히 말씀드립니다"라며 재차 부인했다.

좌파 카르텔이 '조국 사수'에 나섰다. 김의겸 당시 열린민주당 의원은 동양대 총장 표창장 위조에 대해 "검찰이 증거를 은폐한 정도를 넘어 증거를 조작했다"고 주장했다. 유시민 전 노무현재단 이사장은 정경심 교수의 동양대 PC 반출과 관련해 "증거인멸이 아니라 증거를 지키기 위한 것"이라는 궤변을 늘어놓았다. 심지어 동양대 총장을 회유하기도 했다. 최성해 전 동양대 총장은 재판에서 유 전 이사장이 전화로 "좀 좋게 시나리오로 써야 하니 웬만하면 (표창장 발급 권한을 정경심 교수에) 위임했다고 얘기하라"고 했다고 증언했다. 김두관 더불어민주당 의원도 "웬만하면 정경심 교수가 얘기하는 것 해주면 안 되겠느냐"고 했다고 증언했다. 정청래 더불어민주당 의원은 고려대의 조민 입학 취소 검토와 관련해 "교육부에서 강력하게 제동을 걸어야 한다"고 했다. 아무 말 대잔치를 하면서도 부끄러워하지 않았다. 우선 좌파 카르텔을 지켜야 하니까.

좌파 방송도 나섰다. TBS라디오 〈김어준의 뉴스공장〉의 진행자 김어준은 "고등학교 때 체험학습이 부실했다고 해서 그게 4년 감옥 갈 사안인가요?" "동양대 봉사상 위조했다는 걸로 4년 가는 겁니다"라며 가짜 뉴스를 전파했다. 재판부가 자녀 입시비리와 사모펀드, 증거인멸 등 총 12개 혐의로 유죄 판결했음에도, 정경심이 마치 동양대 표창장 1건으로 징역 4년에 선고된 것처럼 왜곡하고 선동했다. 김어준은 좌파 카르텔의 수혜를 가장 많이 입은 대표적인 인물이다. TBS 라디오 진행 150만 원, 유튜브 송출 50만 원으로 하루에 200만 원을 받았다. 절세를 위해 개인 명의로 받지 않고 '주식회사 김어준'이라는 법인을 만들어 법인 명의로 출연료를 받았다. 이런 식으로 6년 넘게 방송했다. 어떻게 이럴 수 있었나. 좌파 진영은 서로 밀어주고 당겨주기 때문이다. 당시 TBS는 서울시 예산으로 운영됐고, 서울시장은 다름 아닌 박원순이었다. 좌파 카르텔은 그렇게 단단해져 갔다. YTN 뉴스 진행자 변상욱 전 앵커는 '조국 같은 아버지가 없어 용이 되지 못할 것 같다'는 청년에게 "반듯한 아버지 밑에 자랐다면 수꼴(수구꼴통) 마이크를 잡지 않았을 것"이라고 조롱했다. KBS1 라디오 〈최경영의 최강시사〉 진행자 최경영은 조국의 법무부 장관 사퇴 등을 촉구하며 삭발하는 야당 대표에 대해 "쇼를 하는 거예요"라고 했다. MBC는 '좌파 어용 방송'을 자처했다. 2019년 9월 MBC 보도국장 박성제는 조국 수호 집회인 서초동 집회에 대해 "딱 보니 100만 명"이라고 했다. 단위 면적당 수용 가능 인원으로 계산하는 페르미 추정법에 따르면 이날 집회 규모는 최대 13만 명 정도다. 서울교통공사는 서초동 주변 지하철역에서 내린 승객은 9만 9,000여 명이라고 밝혔다. 박 국장은 거의 10배를 뻥튀기했다. MBC 뉴스가 아니라, MBC 소설이었다. 편향왜곡 보도는 교묘하고 노골적이었다. 서초동 집회는 톱뉴스로 보도하고, 조국 반대 집회인 광화문 집회는 아홉 번째 순서로 보도했다. MBC 〈스트레이트〉는 2018년 2월부터 2020년 9월까지 국민의힘은 80건 비판하고, 더불어민주당은 3건 비판했다. MBC는 2020년 9월 신입사원 필기시험에 "박원순 전 서울시장 성추행 문제 제기자를 '피해자'로 칭해야 하는가, '피해 호소자'라고 칭해야 하는가"를 논하라는 문제를 출제했다. 2차 가해 논란이 일자 MBC는 공식 사과하고 응시자에게 현금 10만 원을 지급하고 재시험을 치렀다. MBC는 또 허위 보도로 정정보도 판결을 받기도 했다. 2022년 9월 뉴욕 재정펀드회의에 참석한 MBC 이기주 기자는 윤석열 대통령의 발언을 보도하며 '(미국)

국회', '바이든' 자막을 달아 최초 보도했다. MBC는 윤 대통령이 말한 적이 없음에도 괄호로 '(미국) 국회' 자막을 달았고, 취재기자단에서 명확하지 않다는 이견이 나왔지만 무시하고 '바이든' 자막을 달아 보도했다. 나중에 MBC가 자체 개발한 음성 인식 시스템으로 검사했는데 판독 불가 결과가 나왔다. 그런데도 MBC는 '바이든' 주장을 굽히지 않았다. 결국 외교부가 MBC에 정정보도 소송을 제기했다. 재판부는 양측의 동의를 얻어 제3의 음성분석 전문가에게 검사를 맡겼는데, 역시 판독 불가 결과가 나왔다. 결국 1심 재판부는 MBC에 허위 보도 정정 명령을 내렸다. '팩트가 명확하지 않으면 합리적인 근거 없이 팩트라고 단정적으로 보도해서는 안 된다'는 것이다. 재판부는 그러면서 MBC의 검증 노력 부족을 지적했다. 보도하기 전 회사의 음성 인식 시스템으로 자체 검증을 하지 않았고, 그 외 다른 기술적 분석 검증 노력도 기울이지 않았다는 것이다. 의도적으로 검증을 부실하게 했을 가능성이 있다는 취지다. 다른 언론사가 MBC와 같은 취지의 보도를 한 것에 대해서는 "MBC가 유튜브를 통해 공식적으로 첫 보도를 하여 영향을 받았을 가능성이 있다"고 설명했다. 또 '국회' 앞에 '(미국)'이라는 괄호 자막을 넣은 언론사는 MBC가 유일하다는 것도 '바이든 날리면' 허위 보도의 근거로 인정됐다. 이 기자는 재판 결과를 어느 정도 예상했는지 자신의 책 『기자 유감』에서 "나는 소송 결과에 별로 관심이 없다"며 "국민의 귀를 재판한다는 자체가 있을 수 없는 일이기 때문"이라고 했다. 인간으로서 가지는 편견과 착각, 고집 등 휴먼 에러는 이 기자에게 절대 일어나지 않으니, 나를 재판하는 건 감히 국민을 재판하는 일이라는 건가. 이 기자는 1심 결과에 대해 "처음부터 답이 정해져 있던 재판"이라며 재판부를 비난했다. 허위 보도의 근거 중 하나인 여러 이견(바이든, 날리면, 난리면 (난리를 치면), 발리면 등)에도 불구하고 왜 보도하기 전 '기술적' 음성 판독 노력을 하지 않았는지에 대해서는 밝히지 않았다.

좌파 문학인도 나섰다. 2019년 10월 7일 소설가 황석영, 공지영, 시인 안도현 등이 포함된 '조국 지지 검찰개혁을 위해 모인 문학인'은 국회에서 기자회견을 열어 조국 지지를 선언했다. 공 작가는 SNS에서 정경심에게 구속영장을 발부한 판사를 겨냥해 "이렇게 간첩들 만들고, 광주 폭도를 만들고, 인혁당, 노무현을 죽인 게 사법부"라며 "이래서 (검찰) 개혁하자 했던 것이다"라고 했다.(하지만 공 작가는 4여 년 뒤 "조국이 그런 사람일 거라곤 상상도 못했다"며 조국 사수를 철회하고 맹목적인 '이분법적인 논리'와 '80년대식 구호'와의 결별을 선언했다. 연합뉴스 인터뷰, 2024년 1월 23일). 안 시인은 "(조국을) 물어뜯으려고 덤비는 승냥이들이 더 안쓰럽다"고 했다. 류근 시인은 조국 부부의 아들 대리시험을 옹호했다. 아들 조원은 2016년 가을 미국 조지 워싱턴대에서 5차례 오픈북 시험을 치렀는데 이 중 4번째와 5번째 시험을 조국 부부가 대신 풀었다. 법원은 조지워싱턴대학 업무를 방해한 혐의로 조국 부부에게 유죄를 선고했다. 이 시험은 퀴즈가 아닌 엄연한 시험이었고, 학점 등급이 바뀔 정도로 성적 비율의 영향력이 컸으며, 무엇보다 조지워싱턴대학 학사 규정이 이 행위를 범죄 수준으로 보기 때문이었다. 가족 단체 카톡방에서 아들이 A학점을 받았다고 자랑하자, 아버지 조국은 "셋이 힘을 합쳐 넘기자"고 말했다.

좌파 시민단체는 침묵으로 조국을 지지했다. 참여연대와 민변(민주사회를위한변호사모임) 등 문재인 정권에서 맹활약하던 시민단체들은 '조국 사태'가 터지자 입을 다물었다. 참여연대 내에서 '할 말은 하자'는 쪽과 '침묵하자'는 쪽으로 편이 나뉘었고 참여연대 공동집행위원장이었던 김경율 회계사 등이 참여연대를 탈퇴했다. 참여연대의 좌파 카르텔은 망자에게도 유효했다. 한상희 참여연대 공동대표는 고(故) 박원순 전 서울시장 다큐멘터리 영화 제작을 발표했다. 한동훈 법무부 장관이 박 전 시장의 성추행이 법원에서 인정됐는데도 사실이 아니라는 내용의 다큐멘터리를 제작하는 것에 우려를 나타냈다. 한 공동대표는 그러자 "제대로 된 민주사회에서 법무부 장관이 이런 이야기를 한다면 탄핵감"이라고 비난했다. 다큐멘터리에는 "박 전 시장의 성적 언동은 피해자의 머릿속에만 있는 것 아니냐", "인권위가 피해자 머릿속에만 있는 걸로 탁상공론했다", "2차 가해는 1차 가해가 명확히 밝혀져야 판단 가능하다"라는 내용이 들어가 있는 것으로 알려졌다. 좌파 여성시민단체도 진영 보호에 나섰다. 박 전 시장에게 피소 사실을 알린 사람은 다름 아닌, 한국여성단체연합 소속인 것으로 드러났다. 여성인권 보호에 앞장서야 할 시민단체가 성추행 가해자에게 수사 정보를 알려준 것이다. 여성운동가 출신인 남인순 더불어민주당 의원은 더 가관이었다. 남 의원은 박 전 시장의 성추행 피해 여성을 피해자가 아닌 '피해 호소인'으로 부르자고 주도했고 실제 그렇게 지칭했다. 좌파 카르텔을 지키기 위해서라면 피해자의 인권이나 상식, 양심 따위는 중요하지 않았다.

좌파 교육 카르텔도 마찬가지다. 조민의 가짜 논문 의혹이 제기되자 2019년 8월 22일 노무현 정부 통일부 장관을 지낸 이재정 경기교육감은 자신의 페이스북에 "대학교수 등으로부터 전문적인 교육 경험이 끝나면 실습보고서 같은 것을 쓴다"며 "미국에서는 이런 것을 에세이라고 한다"고 썼다. 이 교육감은 이어 조민이 쓴 논문은 에세이에 해당한다며, 이 경우 "당연히 제1저자는 조민"이라고 주장했다. 대한병리학회는 이 교육감의 주장이 학회지의 수준을 폄훼한다며 비판했다. 2021년 6월 13일 김석준 부산시교육감은 자신의 페이스북에 "고통의 시간을 견디며 살아 돌아온 그가 고맙고 응원한다"며 『조국의 시간』 책 표지를 올렸다. 조국은 "더 힘내겠다"며 즉각 답글을 달았다. 김 교육감은 통합진보당 부산시당 공동위원장이던 시절인 2011년 조국과 부산에서 정치토크쇼를 했었다. 일선 학교 현장에서는 좌파 진영 교사가 활동했다. 조국 사태가 한창이던 2019년 11월 서울 관악구 인헌고 교사가 수업 중 "조국 혐의들은 모두 가짜뉴스니 믿지 말라"고 했다. 학생이 조국은 거짓말쟁이라고 하자 "너 일베냐"라고 몰아세웠다. 전남 여수의 한 고등학교에서는 노골적으로 조국 지지를 강요한 시험문제가 출제됐다. 한문 교사가 '조국 제자' 금태섭 "언행 불일치"라는 기사를 제시하고 조국의 심정으로 적절한 것을 고르라는 문제를 냈다. 정답은 배은망덕(背恩忘德)이었다. 부산의 한 고등학교에서는 검찰을 비난하는 시험문제가 출제됐다. 역사 교사가 "보아라 파국이다… 바꾸라 정치검찰"이라는 지문을 제시하고 관계가 깊은 인물을 보기에서 고르라고 했다. 정답은 조국 장관과 윤석열 검찰총장이었다. 조희연 서울시교육감은 시민단체로부터 고발당하기도 했다. 고려대가 조민의 입학취소 처리를 위해 한영외고에 학생부 사본 제출을 요구했으나, 상급기관인 서울시교육청이 반대하여 입학취소 절차가 진행되지 못했다. 이에 전국학부모단체연합 등 27개 시민단체가 조 교육감을 직권남용, 업무방해 등의 혐의로 검찰에 고발했다. 이들 교사 일부는 전교조 소속인 것으로 알려졌다. 전교조 소속 일부 교사는 북한역사서인 '현대조선역사' 등을 바탕으로 교육자료를 만들거나(2005년), 북한의 주의, 주장에 동조하는 '새시대교육운동'을 결성(2008년)하는 등 친북 활동으로 논란이 있었다. 2023년 5월에는 전교조 강원지부장이 창원간첩단 조직원에 강원지부 노조현황, 포섭 대상 리스트 등을 전달한 혐의로 국정원의 압수수색을 받았다.

최장집 교수는 조국과의 대담집 『진보집권플랜』에서 "진보 대 보수, 개혁 대 수구 등 확실한 구분과 치열한 투쟁, 권력 쟁취를 지향하는 경향이 칼 슈미트의 정치이론과 깊이 접맥된다"고 했다. 독일의 정치철학자 칼 슈미트(1888~1985)는 나치에 중요한 이론적 기틀을 제공한 사람이다. 정치인의 이분법적 선동은 대중의 합리와 이성을 마비시킨다. 서울 서초동 집회에서는 한 초등학생이 연단에 올라 "학교에서 주는 표창장을 받게 됐는데 엄마가 상을 받지 말라고 했다"며 "엄마가 매주 서초동에서 검찰개혁을 외쳤기 때문에 상을 받으면 검찰 조사를 받을 수 있기 때문"이라고 했다. 학생은 이어 "민주 국가에서 검찰이 왜 죄 없는 사람을 가두는지 알 수 없다, 떳떳하게 표창장을 받고 싶다"고 했다. 좌파 카르텔의 이분법적 선동은 초등학생에게도 무섭게 작용했다.

대통령도 예외는 아니었다. 문 전 대통령은 '의혹만으로 임명 안 하면 나쁜 선례가 될 것'이라며 조국을 법무부 장관으로 임명했다. 나쁜 선례가 될 거라는 우려는, 기어이 나쁜 선례가 되고야 말았다. 국회와 언론에서 제기한 수많은 의혹은, 관계자들이 구체적인 내용을 들려주면서 점점 사실로 굳어졌다. 공문서와 사문서를 위조하고 대학 입시전형을 방해한 죄는 무겁다. 그걸 모르지 않았을 텐데도, 조국은 자신을 둘러싼 의혹이 안개처럼 사라지기를 바라며, '검찰개혁' 완수를 주장했다. 말이 안 나왔다. 국민의 바람은 달랐다. 검찰개혁보다 '공정한 사회'가 더 중요했다. 내 자식의 노력이 좌파 카르텔이 만든 가짜 서류에 도둑맞는 건 참을 수 없었다. 검찰개혁도 중요하다, 하지만 꼭 조국이어야 할 필요는 없다, 시간이 걸리더라도 검찰개혁을 실현할 적임자를 다시 찾는 노력을 해야 했다. 조국은 적임자가 아니었다.

문재인 정권은 조국을 감쌌다. 조국이 86 운동권(80년대 학번, 60년대생)의 간판이 아니었다면 이렇게 비상식적으로 감싸지는 않았을 것이다. 아니면 조국 사퇴가 좌파 카르텔 붕괴의 신호탄이 되는 게 두려웠거나. 추미애 법무부 장관이 나섰다. 추 장관은 두 차례 수사지휘권을 발동해 윤석열 검찰총장의 손발을 묶었다. 그것도 불안했는지 윤 총장에게 직무집행 정지를 명령하고, 징계를 청구해 정직 2개월 처분을 내렸다. 2018년 5월 문 전 대통령은 "살아서 움직이는 수사를 통제해선 안 된다"고 했지만 말뿐이었다. 윤 총장이 살아 있는 권력을 수사하자 정권 차원에서 사력을 다해 탄압했다. 탄압의 강도가 세질수록 윤 총장은 야권 대권주자로 부상하는 역설적인 효과를 낳았다.

조국은 뻔뻔했다. 본인의 저서 『디케의 눈물』에서 윤 검찰총장이 대권 의도를 가지고 자신과 가족을 가혹하게 수사했다고 주장했다. 그러면서 '조국 의혹'이 어떻게 세상에 처음 드러났는지 전혀 언급하지 않았다. 조국과 인연을 맺은 수많은 사람들이 증언하고 제보한 사실을 인정하기 싫었던 걸까. 아니면 의혹 제기가 수사기관이 아닌 국회와 언론에서 시작된 것을 감추고 싶었던 걸까. 적어도 검찰총장의 불손한 대권 의도에서 시작됐다고 해야 자신의 '들켜버린 탐욕'을 그럴싸하게 포장할 수 있다고 생각했는지 모른다.

무엇보다 이해가 안 되는 것은, 조국의 주장을 요약하면 결국 자신과 관련한 아무리 많은 증거와 증언, 제보가 쏟아져도 검찰은 계속 보기만 하고 수사를 하지 말아야 한다는 걸로 귀결된다는 점이다. 조국이 완성하려 한 '검찰개혁'이 바로 이런 거였나. 조국은 검찰 수사로 날개가 꺾인 영웅이 되고 싶어 했다. 3일 뒤 부활하는 좌파 카르텔의 예수를 꿈꾸면서 말이다.

조국은 그러나 단지 형사사범일 뿐이다. 아내에 대한 대법원 판결문에 따르면, 조국이 기자회견장에서 수십 번 반복한 "분명히 인턴을 했습니다"는 대부분 거짓말이었다. 딸 조민이 서울대 환경대학원, 의학전문대학원, 고려대 환경생태공학부, 부산대 의학전문대학원 등 입시에 제출한 주요 경력은 모두 가짜였다. 아들 조원이 고려대, 연세대 대학원, 충북대 법학전문대학원 등에 제출한 주요 경력도 모두 가짜였다. 아내 정경심 전 동양대 교수는 입시부정을 주도한 혐의로 유죄 확정판결을 받았다. 조국은 딸과 아들의 입시부정과 유재수 감찰 무마 의혹 등으로 1심에서 유죄를 받았고, 현재 항소심이 진행 중이다. 청와대의 울산시장 선거 개입 관련 재판에도 관여되어 있다. 고려대와 부산대 의전원은 조민의 입학을 취소했고, 서울대 환경대학원은 조민의 입학 취소와 함께 2학기 동안 단 1개 과목만 수강하고 받아 간 장학금 802만 원에 대한 환수 조치도 진행 중이다. 한영외고는 조민의 생활기록부에 기재된 가짜 경력 4건을 삭제했다. 좌파 카르텔 최강욱 전 더불어민주당 의원이 발급한 인턴 경력이 법원에 의해 가짜로 확정되자, 연세대도 조원의 입학 취소 절차를 진행 중이다. 그렇게 '조국 사태'에 명운을 걸었던 문재인 정권은 26번의 부동산정책 실패와 함께 종료됐다.

그래도 좌파 진영의 카르텔 위세는 꺾이지 않았다. 문재인 정권에서 시작된 수사가 정권이 바뀐 뒤에도 계속 이어지자 조국은 법치(法治)가 아닌 검치(檢治)라며 '법을 이용한 지배'라고 비난했다. 명백한 팩트를 밝히자면, 더불어민주당 이재명 당대표와 관련된 거의 모든 문제는 모두 문재인 정권에서 시작됐다. 이 대표가 몸통이라고 의심받는 '대장동 사건'은 민주당 당대표 경선 과정에서 이낙연의 측근인 남평오 전 국무총리실 민정실장이 제보한 것이고 〈경기경제신문〉 박종명 기자가 '이

재명 후보님, (주)화천대유자산관리는 누구 것입니까?'라는 제목의 칼럼으로 보도하면서 시작됐다. 박 기자는 당시 제보자가 유력 중앙언론사에 찾아갔으나 기사화하기를 꺼려해 자기에게 왔다는 사실도 공개했다. 대장동 사건은 김만배가 대주주인 화천대유가 성남의뜰 지분 1%를 통해 직간접적으로 연결된 관계자들이 총 4,040억 원의 배당수익을 챙겨 간 사건이다.

'백현동 특혜 의혹'도 마찬가지다. 이 대표가 성남시장이던 시절 자연녹지를 준주거지로 용도 변경한 백현동 부지를 문재인 정부의 〈감사원〉이 검찰에 수사 의뢰하면서 시작됐다. 대장동 사건의 예행연습으로 의심을 받는 '위례신도시 특혜 의혹'도 시민단체 〈투기자본감시센터〉가 경찰에 고발하면서 시작됐다. 대북송금 대납 의혹을 받는 '쌍방울 기업 비리' 사건도 문재인 정부의 〈금융감독원〉 등 금융당국이 수사 의뢰하면서 시작됐다. 이 대표의 '변호사비 대납' 의혹은 문재인 전 대통령과 연관이 더 깊다. 지난 대선에서 문재인 후보 지지자가 만든 〈깨어있는시민연대당〉이 이 대표의 변호사비(경기도지사 시절 허위사실 공표 관련 재판) 23억 원을 쌍방울이 대납했다고 검찰에 고발하면서 시작됐다. 이렇듯 이재명 당대표 관련 의혹은 민주당 진영 내부에서 고소·고발하고, 문재인 정부의 기관이 수사 의뢰하면서 드러난 것들이다. 자기들끼리 팀을 짜서 이익을 추구하는 좌파 카르텔에게 "고마해라, 마이 뭇다"라는 말은 통하지 않았다. 탐욕은 끝이 없고 이익은 나누기 싫었다. 그러다 사달이 난 것이다.

윤석열 정부에서 시작된 이재명 당대표 관련 사건은 위증교사 단 한 건이다. 그것도 '백현동 특혜 의혹' 사건 브로커의 휴대전화 녹음파일을 조사하다 우연히 발견된 혐의다. 조국의 말대로 정리하면 미수에 그친 좌파 진영의 '법을 이용한 한탕' 사건이라 할 수 있다.

좌파 진영은 자기의 잘못은 뻔뻔하게 대응했다. 문재인 전 대통령은 2020년 신년 기자회견에서 조국에게 '마음의 빚'이 있다고 했다. 조국 재판에서는 조국의 무죄를 주장하는 의견서를 제출하기도 했다. 2023년 11월 9일에는 양산 평산책방에서 조국의 책 『디케의 눈물』 사인회도 열었다. 문 전 대통령은 이 자리에서 조국을 끌어안는 퍼포먼스도 보였다. 86 운동권 세대의 대표주자인 61세 송영길 전 더불어민주당 당대표는 전당대회 '돈 봉투 살포' 등 8억 원대 불법 정치자금을 받은 혐의로 재판을 받고 있다. 송 전 대표는 구속되기 전, 한동훈 법무부 장관을 향해 "어린놈이 인생 선배를 조롱한다"며 "이런 놈을 그냥 놔둬야 되겠냐"고 비난했다. 한동훈 장관은 올해 51세다. '조국 수호' 집회를 주도하고 민주당의 대표 청년 정치인이었던 김남국 국회의원은 '코인 투기 및 입법로비' 의혹으로 검찰 수사를 받고 있다. 김 의원은 이태원 참사 현안 보고를 받던 중 법사위 회의장에서 코인 거래를 했다. 한동훈 법무부 장관 인사청문회 때에는 15차례 코인 거래를 했다. 그런데도 김 의원은 "윤석열 정권의 실정을 물타기 하려는 얄팍한 술수"라며 '한동훈 검찰 작품'이라고 주장했다. 〈국민권익위원회〉가 밝힌 21대 국회의원 코인 거래 규모(매도매수 합계)는 1,200억 원이 넘는다. 이 중 김 의원의 거래가 90%에 달하는 1,118억 원이다. 이 일을 계기로 2023년 5월 국회의원 및 고위공직자에 대해 코인(가상화폐) 재산 신고를 의무화하는 이른바 '김남국 방지법'이 마련됐다. 김의겸 국회의원은 신고 재산의 두 배에 달하는 16억 원 빚을 지고 흑석동 재개발 구역 건물을 26억여 원에 매입해 투기 논란이 일었다. "나이 먹고 전세 살기 싫어서 샀다"고 해명했지만 하루 뒤 "아내가 자신 모르게 산 것"이라며 번복했다. 이것도 거짓말이었다. 김 의원이 직접 서명한 10억 원의 KB국민은행 대출서류가 나왔기 때문이다. 좌파 진영은 자신들에게 법의 잣대를 들이대거나 도덕적 책임을 물으면 강하게 저항했다. 언론보도에 따르면 더불어민주당 양이원영 국회의원은 "진보라고 꼭 도덕성을 내세울 필요가 있느냐. 우리 당은 너무 도덕주의가 강하다"고 했다. 심지어 "우리끼리 사냥하지 말자"(유정주 국회의원), "도덕성 따지다가 우리가 만날 당한다"(박성준 국회의원)라는 말도 나왔다고 한다. '송영길 돈 봉투', '김남국 코인 투기' 의혹을 논의하는 더불어민주당 의총장에서 나온 말들이라고 한다. 과거 민주화운동의 추억에서 전혀 벗어나지 못하고 지금도 민주화를 위해 싸우고 있다는 과대망상에 빠진 모습이 꼭, 풍차를 향해 돌진하는 돈키호테와 다를 바 없어 보인다.

법은 무색무취하고 어떠한 의도나 목적도 가지고 있지 않다. 조국의 말대로 '정의의 여신' 디케(Dike)는 오직 법률과 증거에 근거하고 늘 균형과 형평을 중시하는 차분한 모습이다. 그런데 '조국의 여신' 디케는 좀 다른 거 같다. 겉으로만 정의로워 보일 뿐, 의혹이 제기되면 부인하고, 증거가 나와도 부인하고, 재판 결과가 나와도 부인하는 가짜 디케의 모습이다. 좌파 진영의 디케는 가면을 쓰고 있는가. 장하성 전 청와대 정책실장은 "내가 강남 살아보니 강남 살 필요 없다"고 했다. 유시민 전 노무현재단 이사장은 "딸 외고 보내보니 딸이 외고 없애야 한다더라"고 했다. 45세이던 2004년 한 대학 강연에서 "60세가 되면 뇌가 썩는다"고 했던 유 전 이사장은 올해 65세가 됐다. 그러자 이번에는 반대로 젊은층을 겨냥했다. 2023년 9월 이재명 대표가 검찰 수사를 받게 되자 그 책임은 '2030 남성 세대'에게 있다며 '너희들, 쓰레기야'이라고 원색적으로 비난했다. 조국은 "모두 용이 될 필요가 없다"고 했다. 역시 용이 되어보니 용이 될 필요 없다는 건가. 뻔뻔하다, 이기적이다.

조국이 과연 자신에게 벌어진 일을 수모와 시련이라고만 생각하지 말고 들켜버린 내밀한 탐욕의 드라마가 종결되었음을 — 그럴 리가 없지만 — 인정하는 날이 올까. 민주화운동 세력, 강남 좌파라는 선민의식에서 깨어나야 할 시간이다. 자기들끼리 이익도 챙기면서 공정한 사회도 만들 수 있다는 좌파의 세상은 허상이다. 어느 진영이든 누구나 노력한 만큼 대가를 받을 수 있는 사회가 좋은 사회다. 사회적 약자에게 최소한의 삶을 보장할 수 있는 정부가 좋은 정부다. 앞으로도 좋은 사회와 정부를 만드는 데 기여하며 살고자 한다.

2024년 1월
여의도 카페에서

차례

웅동학원

조국 민정수석

모두
각자의 의견을 가질 수는 있지만
각자의 사실을 가질 수는 없다

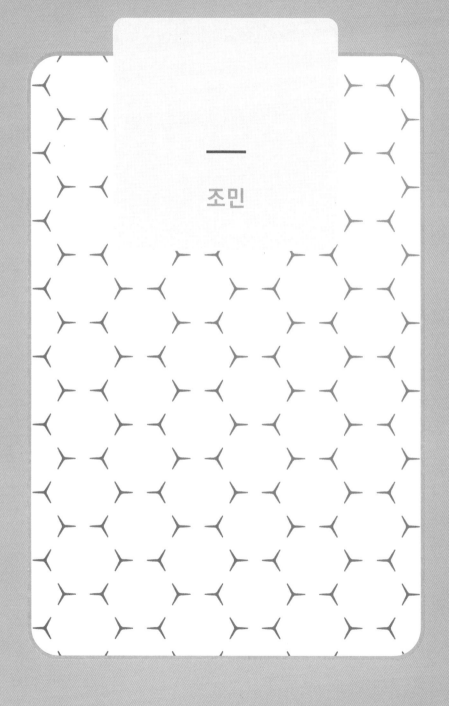

一

조민

1

잘난 아빠 둔 유급생 딸의 장학금, 가짜 진보 몰락의 시작

전혀 예상하지 못했다. 2019년 8월 14일 나른한 수요일 오후 휴대전화가 부르르 몸을 떨었다. 법조에 출입하는 〈한국일보〉 이현주 기자가 "보좌관님, 조국 교수 딸이 부산대 의전원에서 장학금을 받았다는데 확인할 수 있을까요"라고 물었다. 유급인데 장학금 받을 수 있나.

열흘쯤 앞선 8월 5일 부산대에 '2015~2019년 일반대학원, 전문대학원, 특수대학원 유급자 현황' 자료제출을 요구했다. 이 자료를 통해 조국 딸 조민이 학점미달로 2회 유급 받은 사실은 이미 알고 있었다. 부산대 지인으로부터 조민의 잦은 유급 얘기를 듣고 확인한 것이다. 부산대에 자료제출을 요구할 때 의전원으로 특정하지 않고 일반대학원, 특수대학원까지 대상 범위를 넓히고, 기간도 조민이 입학한 2015년으로 특정하지 않고 몇 년 치 자료를 요구했다. 내가 무엇을 보려는지 부산대가 눈치채지 못하도록 하기 위해서였다.

조민이 학점미달로 유급된 사실을 확인했지만, 그 자체로는 문제 삼을 수 없었다. 그런데 우연의 일치인지 이 상황에서 딱, 조민의 장학금 얘기가 나온 것이다. 조민이 만약 '유급생인데도 장학금'을 받았다면 완전히 다른 얘기가 된다. 확인할 필요가 있었다.

전화를 끊고 바로 부산대에 '의전원 장학금 지급 내역 등' 자료제출을 요구했다. 직감적으로 일이 커질지도 모른다는 생각이 들었다. 16대 국회 말부터 국정감사, 국정조사, 인사청문회, 특검 등 수많은 자료를 조사하면서 쌓은 경험이 그렇게 말하고 있었다. 댐은 이유 없이 무너지지 않는다.

부산대는 3일 만에 자료를 제출했다. 국회 관련법상 자료제출 기한은 10일이므로 피감기관은 보통 이 기간에 맞춰 느지막이 자료를 제출한다. 피감기관 입장에서는 자료를 늦게 줘서 보좌관 애간장을 태워야 일을 잘하는 거다. 부산대는 하지만 이 자료가 어떤 파장을 일으킬지 전혀 예상하지 못했는지 신속하게 자료를 제출했다. 자료에는 장학금 수혜자 이름을 가리고 성(姓)만 기재되어 있었다. 하지만 조민의 이름이 외자(민)인 것과 2015년 입학 연도 등을 조합하여 조민이 받은 장학금 내역과 학점 등을 특정할 수 있었다. 조민은 2016년부터 6학기 동안 연속 200만 원씩 총 1,200만 원의 장학금을 받았다. 2015년 1학기 유급이었으나 다음 학기에 장학금을 받았고, 2018년

2학기 유급일 때도 장학금을 받았다. '유급 받아도 장학생' 조민이 확인되는 순간이었다. 특이한 점이 눈에 띄었다.

첫째, 장학금 종류다. 조민은 '특지(특별 지정)장학금'이라고 하여 교수가 학생을 지정하여 주는 장학금을 받았다. 그럴 수 있다. 하지만 조민이 장학금을 받을 당시 아버지 조국은 서울대 교수로서 정치권에 깊숙이 관여하는 사회 유명 인사였다. 조국은 2010년 진보진영 집권을 위한 대담집을 준비하면서 정치에 뛰어들었다. 2011년 서울시장 보궐선거에 참여하고, 2012년 국회의원 총선에서 후원회장과 지지연설자로 활동했다. 제18대 대선에서는 문재인 후보의 TV찬조연설자로 나섰다. 2017년 제19대 대선에서도 문재인 정권 창출에 앞장섰기 때문에 미래의 포괄적 이익을 기대하고 조민에게 장학금을 줬을 가능성이 있다. 더구나 장학금을 다른 학생들에게는 단 1회씩 지급했지만, 조민에게만 6회 연속 지급한 것만 봐도 그런 의심을 뒷받침하기에 충분했다. 특지장학금을 지급한 사람은 노환중 교수로 소천장학금이라는 이름으로 지급했다. 노 교수는 왜 조민에게 장학금을 줬을까?

둘째, 성적과 무관한 장학금이다. 부산대 자료에 따르면, 조민은 2015년 1학기 세 과목을 낙제하면서 평점 1.13점을 받았다. 그런데도 다음 학기에 바로 장학금을 받았다. 이해가 안 됐다. 부산대에 물었다. 담당자는 특지장학금은 성적에 관계 없이 줄 수 있기 때문에 문제가 없다고 설명했다. 또 특지장학금은 선발기준이나 신청, 선정 과정

및 결과를 공개하지 않아도 된다고 했다.

인사청문회 자료에 따르면, 조국의 당시 자산은 50여억 원이었다. 재력가의 자녀가 자판기 캔 커피 뽑듯 꼬박꼬박 여섯 차례나 장학금을 받아 챙겼다. "성적이 우수하거나 가계(家計)가 곤란한 학생이 이런 사실을 알면 이해할 수 있을까요?"라고 물었다. 부산대 직원은 머뭇거리다 "아… 좀 그렇긴 하죠"라고 짧게 답했다. 대학생이 아니어도 문제가 있다는 걸 누구나 알 수 있었다. 공정과 정의의 문제였다. 부산대 자료를 바탕으로 팩트와 의혹을 일목요연하게 정리했다. 한 사람의 명예와 관련된 내용이므로 한 치의 실수나 억측이 있으면 안 됐다.

8월 16일 금요일 오전 이 기자에게 연락했다. 이 기자는 가만히 설명을 듣더니 자신이 받은 구체적인 제보 내용을 알려주었다. 조민은 아버지 때문에 의전원에 입학할 때부터 나름 학교에서 유명했고 일거수일투족 주목을 받았다고 한다. 그래서 조민이 유급되거나 장학금을 받으면 학생과 교직원 사이에 금세 소문이 났고, 심지어 의전원에 다니지 않는 학생들도 알 정도였다고 한다. 이 기자는 그냥 확인 차원이었는데 이 정도 팩트가 나올 줄 몰랐다며 오후에 연락을 주겠다고 했다. 창밖을 내다봤다. 머지않아 조국 법무부 장관 인사청문회가 열릴 참이었다. 만약 조국 후보자 개인 연락처를 알았다면, 지금 여기서 멈추세요, 말하고 싶었다. 거대한 폭풍이 다가오고 있었다.

언론보도 후 파장을 고려하면 토요일 주말판으로 보도하기에는 아까웠다. 임팩트 있는 기사는 보통 한주가 시작하는 월요일에 보도한다. 평일 동안 후속 보도가 가능하기 때문이다. 이 기자도 마찬가지 생각이었다. 오후 2시쯤 연락이 왔다. 데스크가 다음 주 월요일자로 보도하기로 했다고 했다. 우리는 주말 동안 보안을 유지하기로 피를 나눈 의형제처럼 약속하고 전화를 끊었다. 일요일 오후 대략적인 기사 얼개를 받았다. 팩트 중심으로 살펴보고 이상 없음, 이라고 회신했다.

2019년 8월 19일 월요일 〈한국일보〉 1면 톱으로 '조국 딸, 두 번 낙제하고도 의전원 장학금 받았다'라는 제목으로 보도됐다. 그날처럼 전화를 많이 받아보기는 태어나 처음이었다. 인터넷판으로 새벽 4시 43분 기사가 올라왔는데 오전 6시 30분부터 기자 전화가 쏟아졌다.

국회의원회관 9층 남성 휴게실 창가 옆 침대에서 전화를 받았다. 당시 나는 의원회관에서 먹고, 자고, 일했다. 과거 국회의원 보궐선거에 출마한 적이 있는데 선거비용 마련을 위해 '공무원연금공단'에서 연금을 일시금으로 찾아 썼다. 나와 가족의 노후를 위협하는 행동이었지만 출마 당시에는 어쩔 수 없었다, 고 믿었다. 어쨌거나 낙선 후 다시 국회로 돌아왔다. 공무원연금공단에 전화했다. 직원은 친절하게 매월 300여만 원씩 4년 정도 내면 연금을 살릴 수 있다고 했다. 네 감사합니다. 그때부터 국회의원회관에서 살았다. 고민이나 망설임 따위는 없었다. 월 300여만 원 외에 한 달에 4번 서울-부산 왕복 차비, 출마하면서 매입한 부산 아파트 대출금 상환, 각종 공과금 등 고정비용을 계산하니 서울에서 숙소를 마련하기란 불가능했다. 고시원에 머물까, 잠시 알아본 적도 있으나 월세와 공과금, 교통비 등을 고려하면 최소 50만 원 이상 소요되었고 무엇보다 출퇴근 시간 등 기회비용을 고려하면 합리적인 선택이 아니었다. 의원회관에서 먹고, 자고, 일하는 것은 동쪽에서 해가 뜨는 것처럼 자연스러운 일이었다. 원대한 포부나 담대한 구상 따위는 없었다.

〈한국일보〉 기사가 나간 그날 아침은 평소와 달랐다. 의원회관 9층에서 깨면 1층 체력단련실로 내려가 씻고 10층 사무실로 출근하는데, 그날은 쉴 새 없이 울리는 전화통에 씻지도 않고 9층에서 10층으로 바로 출근했다. 전화가 잠시도 멈추지 않아 화장실에도 휴대전화를 들고 갔다. 상대방에게 변기 물 내리는 소리가 들리거나 말거나 아랑곳없이 열심히 부산대 자료를 설명했다.

'정유라 불쌍해질라한다'. 〈한국일보〉 기사에 달린 댓글 중 하나다. 정유라는 박근혜 전 대통령 비선 실세 최순실(개명 후 최서원)의 딸이다. 정유라는 2016년 이화여대 입시부정 사건으로 국민적 공분을 불러일으키고 정권에 심각한 타격을 줬다. 3년 뒤인 2019년 같은 일이 반복됐다. 주인공만 정유라에서 조민으로 바뀌었다. 두 사람의 입시부정 사건은 큰 맥락에서는 같지만 자세히 보면 제법 다르다.

우선 입시에 활용한 경력의 진위가 다르다. 정유라는 2014년 인천 아시안게임 마장마술 단체전에서 딴 금메달 경력을 이화여대 입시에 활용했다. 반면, 조민은 부모가 PC로 만들거나 지인에게 부탁하여 만든 허위 경력을 고려대 입시에 활용했다. 둘 다 입시 규정을 위반했지만 정유라는 실제 경력, 조민은 허위 경력을 활용했다.

인권 측면에서도 차이가 난다. 정유라는 2016년 9월 28일 국회에서 입시부정 의혹이 제기되고 1년이 되지 않은 2017년 5월 31일 수갑 찬 모습과 얼굴이 공개됐다. 당시 정유라는 미성년자에서 갓 벗어난 20살로 19개월 젖먹이 아들이 있는 상태였다. 반면, 조민은 입시부정 의혹이 제기되고 3년 7개월이나 지난 2023년 2월 처음 얼굴이 공개됐다. 그것도 자발적으로 김어준의 유튜브에 출연하면서다. 조민은 정유라와 달리 미성년자 나이를 한참 넘긴 31살임에도 단 한 번도 공개 소환되지 않았고 수갑도 차지 않았고 얼굴도 공개되지 않았다.

조국은 취재윤리에 대한 태도도 자기 자식에게는 특별했다. 정유라가 덴마크로 도피했을 때 JTBC 모 기자는 19개월짜리 아들 등과 있던 정유라의 집 문을 두드리며 인터뷰를 요청했다. 인터뷰에 응하지 않자, 기자는 현지 경찰에 정유라를 불법체류자로 신고했다. 정유라가 체포되는 장면이 그대로 보도됐다. 조국은 자기 딸이 비슷한 상황에 처하자 분노했다. 부산대 의전원 입시부정 의혹이 한창이던 때 조민은 두문불출하고 경남 양산 집에 머물렀다. 의혹을 취재하던 TV조선 기자가 조민 집 초인종을 눌렀다. 조국은 "딸아이 혼자 사는 집 앞 야

밤엔 가지 말아달라" "저희 아이가 벌벌 떨며 안에 있다"고 언론인에게 호소했다. 조민은 해당 기자를 경찰에 고소했다. 2023년 재판부는 1, 2심 모두 무죄를 선고했다.

조국은 대리시험에 대한 입장도 자기 자식에게는 달랐다. 2016년 11월 17일 조국은 자신의 SNS에 이화여대 교수가 정유라 과제를 대신 해줬다는 기사를 공유하며 "경악한다"고 썼다. 하지만 더 경악스러운 건 조국 자신이다. 조국은 같은 해 11월 1일과 12월 5일 아들 조원의 조지워싱턴대 시험을 대신 풀어줬다. 시간순으로 정리하면 조국은 아들 대리시험을 보고 며칠 뒤, 정유라의 대리시험을 경악한다고 비난했고, 또 며칠 뒤 아들 대리시험을 봤다. 조국은, 도대체 어떤 사람인가?

의전원 교수와 학생은 조민의 장학금 비위 의혹을 알았나?

노환중 교수는 2017년 3월 장학금을 주기로 결정하고 조민에게 연락해 다른 학생들에게 말하지 말고 조용히 타라고 했다. 왜 그랬을까? 2019년 8월 26일 〈동아일보〉의 '조국 딸 5연속 장학금에⋯ 의전원, 지도교수 불러 "심사숙고하라"'는 제목의 기사에 따르면, 조민의 장학금은 학교 내에서 상당히 논란을 불렀다. 유급생 조민이 연속해서 연단에 올라 장학금을 받아가자 동기생들로부터 의심을 산 것이다. 의전원 모 교수는 "학생들을 면담할 때 '공부 못하는 애가 계속 장학금을 받는다'는 푸념을 여러 차례 들었다"고 했다. 의전원 고위 관계자는 노환중 교수를 따로 불러 "장학금 지급할 때 잘 생각해서 지급하라"며 경고하기도 했다.

조민은 이런 상황을 아는지 모르는지 노 교수가 조용히 타라고 한 사실을 가족 단톡방에 올렸다. 어머니 정경심 전 동양대 교수는 조민에게 "ㅇㅋ. 애들 단속하시나 보다. 절대 모른 척해라"고 신신당부했다.

조민은 자신의 책 『오늘도 나아가는 중입니다』에서 다른 학생들이 자신을 가리켜 '공부 못하는 애가 장학금을 받는다'고 한 부분을 해명한다. 의전원 1학년 때 학점 1.13점 받고 유급된 것에 대해 "한 과목이 F가 확정되자 남은 시험을 전부 보지 않아서"라고 한 것이다. 이걸 변명이라고 하는가? 시험 자체를 안 봤으면 완전 '과락'이지. 조민은 총 네 번의 유급을 받았다. 입학한 첫해인 2015년 1학년 1학기 때 유급을 받고 1년을 쉬었다. 이듬해 2016년 다시 1학년 1학기로 복학했으나 또 유급을 받았다. 그러나 다른 유급생과 함께 전원 구제됐다. 같은 해 2학기에 또 유급을 받았으나 이번에는 재시험으로 구제됐다. 3학년 2학기에 네 번째 유급을 끝으로 유급은 멈췄다. 의전원 학칙상 유급 세 번이면 제적이다. 조민은 아슬아슬하게 제적의 위기를 피했다. 그런데도 조민은 이런 설명을 책에서 전혀 하지 않았다. 오직 첫 번째 유급만 설명하고, 나머지 유급은 왜 받았고 어떻게 구제됐는지 설명하지 않았다. 전국 수십만 명의 대학생이 심한 좌절감을 느꼈을 것이다.

법원은 조민의 장학금 비위 혐의를 어떻게 판단할까? 검찰은 장학금 1,200만 원 중 조국이 민정수석이 된 후에 받은 장학금 600만 원만 부정하다고 보고 기소했다. 조국이 아닌 무명의 일반인이라면 이런 식으로 법이 적용됐겠는가? 2023년 2월 3일 1심 재판부는 「청탁금지법」 위반을 인정하며 조국에게 추징금 600만 원을 선고했다. 노환중 교수 역시 「청탁금지법」 위반이 인정되어 1심에서 징역 6개월에 집행유예 1년이 선고됐다.

　이 사건을 계기로 「청탁금지법」의 적용 대상 범위가 넓게 개정됐다. 새롭게 추가된 부분은 ▲장학생 선발 ▲견습생(인턴) 등 모집·선발 ▲논문심사·학위수여 ▲연구실적 등 인정 부분이다. 조국 자녀의 입시부정을 계기로 마련되어 '조국 방지법'이라고 불리기도 한다. 2021년 11월 29일 국회 본회의를 통과했다.

2

혐의는 있으나 증거는 없는 부산대 장학금 규정 변경 미스터리

2019년 8월 22일 부산대로부터 충격적인 자료를 받았다. 일주일 전 부산대 장학금 담당자에게 조민 성적이 매우 낮은데도 어떻게 장학금을 받을 수 있냐고 물었다. "성적에 관계 없이 장학금을 줄 수 있는 예외 조항이 있기 때문"이라고 답해서 관련 자료를 요구한 상태였다.

부산대는 2015년 7월 1일 대학원위원회가 통과시킨 「장학생 선발 지침 전부 개정안」에 처음으로 성적 예외 조항이 들어갔다면서 관련 자료를 제출했다. 당초 지침 제10조(장학생 선발 대상 제외) 1항에 따르면, '직전 학기 성적 평점 평균 2.5/4.5 미만인 자'에게는 장학금을 줄 수 없도록 돼 있다. 하지만 개정되면서 '단, 외부장학금은 예외로 할 수 있음'이라는 단서가 붙었다. 의아했다. 성적에 관계 없이 주는 장학금이 버젓이 규정으로 있다니. 가계 곤란자에게 장학금을 줄 때도 최저 성적 기준이 있는데도 말이다.

2015년 입학한 조민은 첫 학기부터 3과목 낙제로 평점 평균 1.13점을 받아 유급했다. 2016년 1학기에 복학한 조민은 이후 노환중 교수가 주는 장학금을 내리 6번 받았다. 다른 학생들은 딱 한 번씩 100~150만 원을 받았지만 조민은 200만 원씩 총 1,200만 원을 받았다. 유급 낙제생임에도 장학금을 받은 학생도 조민이 유일했다. 부산대는 노 교수가 주는 장학금이 바로 단서 조항에서 말하는 '외부장학금'에 해당한다고 했다.

불현듯 이 단서 조항이 조민을 위해 만들었을지도 모른다는 생각이 들었다. 허황된 소설 같은 일이지만, 어쨌거나 그런 생각이 들었다. 부산대 담당자에게 전화해 다시 확인했다. "2015년 성적 예외 조항이 신설된 게 맞다"고 했다. 말이 나오지 않았다.

정리하면 조민은 2015년 1학기에 유급을 받았으나, 같은 해 7월 누군가 성적 예외 조항을 만들어 2016년 1학기 복학하는 조민에게 첫 혜택을 주었다는 것이다. 누가 단서 조항을 만들었을까. 논란이 일자 노 교수는 "열심히 공부하라"는 취지로 장학금을 줬다고 해명했다. 그럴 리가 없다. 다른 이유가 있을 것이다. 정황상 노 교수가 성적 예외 조항을 주도한 것 같았다. 마침 김준영 기자가 사무실로 왔길래 부산대 자료를 넘겨주었다.

2019년 8월 23일 〈중앙일보〉 8면에 '의전원, 조국 딸 장학금 받기 직전 성적제한 풀었다'라는 제목으로 보도됐다. 대부분 언론이 인용 보도했다. 즉시 부산대에 대학원위원회 회의 속기록 자료제출을 요구했다. 속기록에서 노 교수가 성적 예외 조항을 주도한 흔적이 있는지 살펴보기 위해서다.

다음날 토요일이라 휴대전화를 꺼두고 하루 종일 잠을 잤다. 8월 25일 일요일 아침 머리맡 휴대전화가 요란하게 몸부림쳤다. 한쪽 발로 이불을 착 감으며 전화를 받았다. 기자였다.

"부산대가 내일 오전 기자회견을 한다고 하는데요?"

성적 예외 조항 자료를 번복하는 기자회견이라고 했다. 스프링처럼 침대에서 벌떡 일어났다. 아내와 아이를 살짝 안아주고 서둘러 김해공항으로 출발했다. 서울로 가는 내내 머리가 복잡했다. '혹시 내가 자료를 잘못 봤나? 아닌데… 자료 담당자와 통화해서 직접 확인까지 했는데' 별별 생각이 다 들었다. 김포공항에 도착하자마자 부산대에 전화를 걸었지만 받지 않았다. 여의도 의원회관으로 출근해서 사무실 전화기로 다시 걸었다.

전화를 받았다. 부산대 직원은 다짜고짜 사과했다. 목소리는 어두웠다. 한 손으로 머리를 쥐어뜯는 거 같았다. 내용은 이랬다. "장학생 선발 지침 규정이 처음 마련된 2013년부터 성적 예외 조항이 있었는데, 직원이 이를 확인하지 못하고 2015년 신설된 조항이라고 잘못 답변했습니다" 하늘이 노랬다. 내 잘못이 아니어서 다행이라는 안도감과 실수든 고의든 국회에 허위 자료를 제출한 부산대에 대한 원망이 교차했다. 그래도 확인이 필요했다. 혹시 담당 직원이 부산대 명예를 위해 혼자 십자가를 메는 게 아닐까.

다음날 부산대 지인에게 전화했다. 그는 부산대 내부 사정을 잘 아는 위치에 있다. 그는 자료를 잘못 제출한 직원과 아침에 조용히 얘기를 나눴다고 했다. "니 인생이 걸린 문제다. 나중에 감사나 수사가 시작되면 절대 감당 못 한다. 엉뚱한 생각하지 말라"고 했다. 해당 직원은 "절대 조작이나 거짓이 아니다"라며 자기 실수로 국회에 잘못된 답변이 나간 것을 크게 자책했다고 한다. 지인은 신중하면서도 단단한 목소리로 전해주었다.

해당 직원과 직접 통화하고 싶었지만 연결이 되지 않았다. 누군가 연결을 방해하는 듯했다. 대신 상급자인 이 모 실장과 연락이 됐다. 이 실장은 "자료가 잘못 나간 걸 토요일 처음 발견하고 여러 차례 재검(再檢)을 통해 최종 확인했다"고 했다. 그러면서 "거듭 죄송하다"고 했다. 황당하고 화가 났지만 어쩔 수 없었다.

8월 26일 월요일 오전 부산대는 기자회견을 열어 성적 예외 조항 자료를 국회에 잘못 제출한 경위를 설명했다.

하지만 같은 날 오후 〈연합뉴스〉는 "부산대 '조국 딸 장학금 특혜 의혹' 해명할수록 더 의문투성이"라는 제목의 기사를 보도했다. 부산대의 해명을 반박했다.

첫째, 2013년 장학금 규정 원본이 없다. 당시 의전원 홈페이지에는 2015년과 2017년 개정 규정만 공개돼 있고 2013년 제정 당시 규정은 없어, 의전원이 뒤늦게 내놓은 2013년 장학금 규정의 원본 여부를 알

수 없다는 것이다.

둘째, 2013년 장학금 규정 파일에서 문서 수정 기록이 발견됐다. 기자가 노환중 교수로부터 받은 파일 문서 정보를 보면 문서 최초 작성 일자는 장학금 규정 제정 시기인 2013년 4월이지만, 마지막 수정 일시는 2019년 8월 23일 오후 4시 37분이었다. 즉, 예외 조항이 처음부터 있던 게 아니라 파일이 수정되면서 중간에 들어갔을 수 있다는 얘기다. 또 파일 수정 일자가 공교롭게도 〈중앙일보〉가 성적 예외 조항 의혹을 보도한 바로 다음날이라서 더 의심스러웠다.

셋째, 규정 파일의 마지막 수정자가 바로 노환중 교수였다. 피의자가 무죄의 증거 파일을 제출했는데, 이 파일의 마지막 수정자가 바로 피의자 자신이라면 파일의 증거능력을 의심할 수밖에 없다.

넷째, 성적 예외 조항을 신설했다는 주장이 있다. 대학원위원회 위원으로 참여한 당시 우 모 의전원장은 "가정형편이 어려워 아르바이트를 하는 바람에 성적 미달로 내부장학금을 받지 못하는 학생을 구제하려고 외부장학금 성적 제한 예외 규정을 신설했다"고 언론 인터뷰를 했다. 나중에 노환중 교수가 '외부장학금 성적 예외 조항은 처음부터 있었다'고 하자 우 원장은 돌연 "착오였다"고 입장을 바꿨다.

이런 점들을 종합하면 부산대의 해명을 그대로 믿기에 무리가 있는 것도 사실이다. 하지만 부산대의 해명을 반박할 만한 결정적 증거나 증인이 없다는 게 지금까지 확인된 팩트고 진실이다. 결국 조민을 위해 성적 예외 단서 조항이 만들어졌다는 의혹은 부산대 직원의 실수로 빚어진 안타까운 해프닝으로 끝나고 말았다. 하지만 '성적 예외 단서'의 취지가 가난한 학생들에게 장학금을 주자는 것임을 감안하면 조민의 장학금은 그저 뇌물에 불과할 뿐이라는 결론이 자연스럽게 나온다.

3
서울대병원 가짜 진단서

8월 20일 오후 서울대에서 자료가 왔다. 조민이 2014년 서울대 환경대학원에서 두 학기 연속 전액 장학금을 받았다는 내용이었다. 예상하지 못한 답변이라 깜짝 놀랐다. 아무런 제보나 단서 없이 부산대 의전원에 장학금 자료제출을 요구하면서 '혹시나 해서' 서울대에도 같은 자료제출을 요구했었다.

자료에 따르면, 조민은 두 학기 동안 전액 장학금 401만 원씩 총 802만 원을 받았다. 그러다 2학기 때인 2014년 9월 30일 부산대 의전원에 합격하고 다음날인 10월 1일 질병 휴학원을 제출하면서 서울대 환경대학원을 그만두었다. 당시 조국은 서울대 법학전문대학원 교수로 재직 중이었다. 환경대학원에 누가 조민에게 장학금을 지급했는지 물으니, 실제 장학금을 지급한 '관악회'가 알 거라고 했다. 관악회에 물으니 장학금 수혜자 명단은 '환경대학원'에서 작성한다고 했다. 서로 모른다며 상대방이 알 거라고 했다. 어이가 없었다.

조민이 부산대와 서울대 모두 장학금 비위 의혹이 있다면 우연의 일치가 아니라 일관된 패턴일 거라는 생각이 들었다. 자료를 정리해 조선일보 원선우 기자에게 넘기고, 누가 조민에게 장학금을 줬는지는 계속 조사하기로 했다. 2019년 8월 21일 〈조선일보〉 1면에 '조국 딸, 서울대 환경대학원 2연속 장학금… 부산대 의전원 합격 다음날 바로 그만둬'라는 제목으로 보도됐다.

이쯤 되니 조민이 제출한 각종 증명서가 진짜인지 의심이 들기 시작했다. 질병 휴학을 위해 대학원에 제출한 서울대병원 진단서가 의심스러웠다. 나중에 서울대 교직원이 들려준 얘기다. 검찰이 환경대학원을 압수 수색할 때 한 수사관이 조민이 제출한 서울대병원 진단서를 이리저리 뒤집어 보며 "이거 진짜 맞나?" 하며 고개를 갸우뚱하더라는 것이다. 검찰은 이미 조민이 부산대에 제출한 동양대 총장 표창장의 위조를 의심하고 있었던 것일까. 그 연장선에서 '서울대병원 진단서도 가짜로 의심한 게 아닐까'라는 생각이 들었다.

서울대병원에 조민의 진단서 제출을 요구했다. 며칠 뒤 받은 자료는 가관이었다. 아무 내용이 들어 있지 않은 텅 빈 진단서 양식만 제출했다. 서울대병원 국회 담당자를 불렀다. 개인정보라서 제공할 수 없다고 했다. 그러면 자료는 제출하지 말고 조민이 서울대 환경대학원에 제출한 진단서가 진짜인지 가짜인지 판독해서 알려달라고 했다. 아무것도 확인해 줄 수 없다는 말만 반복했다. 마지막으로 진단서를 발급해 준 의사가 누구냐고 물었지만, 그것 역시 의사의 개인정보라서 알려줄 수 없다고 했다.

다른 방법을 찾아야 했다. 환경대학원에 연락했다. 수십 차례 전화해 자료제출을 독촉했다. 담당자는 뭔가 말해줄 듯하면서도 말하지 않는 묘한 여운을 남기며 통화를 이어갔다. 분명 나에게 뭔가 하고 싶은 말이 있다는 느낌이었다. 며칠 동안 하루 두어 번씩 문안 인사 올리듯 전화했다. 그러던 어느 날 차분한 어조로 말했다. "보좌관님, 제가 보기에는 병원 진단서는 진짜 같아요"라고 했다. 왜요? "그냥 오래 일하다 보면 알아요" 했다. 느낌이 왔다. "혹시 의사가 진료를 보지 않고 허위진단서를 발급해 준 걸까요?" 물으니 대답하지 않았다. "그럼 아닌가요?" 물으니 아니라고 부인하지도 않았다. 그저 아휴, 아휴~ 말만 반복했다.

2019년 8월 19일부터 ▲조민의 부산대 의전원 장학금 비위 의혹 ▲조국 민정수석의 서울대 팩스 복직 급여 수령 논란 ▲조국 집안이 운영하는 웅동학원 채무 관련 의혹 ▲조민의 병리학 논문 제1저자 가짜 의혹 등이 연이어 보도되자 조국의 태도가 눈에 띄게 달라졌다. 장관 후보자로 지명된 후 조국은 인사청문회 준비단으로 출근하면서 백 팩을 메고 한 손에는 매일 다른 텀블러를 들었다. 다분히 카메라를 의식한 계산된 아이템이었다.

조국은 자신의 책 『디케의 눈물』에서 한동훈 법무부 장관이 출장길에 공항에서 『펠로펜네소스 전쟁사』의 붉은 표지가 보이도록 들고 나간 것은 한 장관의 권력의지를 우회적으로 보여주는 장면이라고 비판했다. 그러면 조국은 출근길 백 팩과 텀블러로 무엇을 우회적으로 보여주려 한 것일까. 아마도 여유와 자신감일 것이다. 아무도 자신과 가족의 치부를 모를 거라는 자기 확신 같은 거 말이다.

어쨌거나 그날은 달랐다. 백 팩도 메지 않고 텀블러도 들지 않았다. 머리를 한쪽으로 넘기는 것도 하지 않았다. 두 손으로 파란색 서류철을 들고 기자 앞에 섰다.

8월 20일 오전 9시 50분 조국은 미리 준비한 입장문을 읽었다. 조국의 입에서 의외의 내용이 나왔다. 조국은 시간 대부분을 공약 설명에 할애했다. 인사청문회도 하지 않았는데 갑자기 무슨 정책 발표인가. 기자들은 고개를 돌려 서로 얼굴을 쳐다봤다. 조국은 안전한 사회를 만들겠다며 아동 성범죄자 밀착 감독, 가정폭력 및 데이트폭력 엄단 계획 등을 밝혔다.

언론 반응은 좋지 않았다. 지금 공약 발표 타이밍이 아니다. 인사청문회가 통과되지 않으면 아무리 좋은 공약이라도 무슨 의미가 있나. 공약 발표보다는 쏟아진 의혹에 대한 성실한 해명이 필요했다. 그런데도 조국은 아랑곳없이 서류철의 공약을 읽어나갔다. 국회와 법조계는 조국이 자신을 둘러싼 의혹에 대한 관심을 분산시키려는 의도라고 평가했다. 그러거나 말거나 나는 더 집중했다.

그날 오후 〈조선일보〉 김형원 기자가 재밌는 사실을 하나 알려주었다. 조국 아들 조원이 연세대 대학원에 재학 중이라고 했다. 자료를 찾아보니 누나 조민보다 5살 어렸다. 만약 부모가 딸의 입시 과정에 전반적으로 관여하여 입시부정을 저질렀고, 운이 좋아 한 번도 발각되지 않았다면 부모는 과연 어떤 생각을 할까.

다음은 동생 차례라고 생각할 것이다. 적어도 10년 이상 들키지 않았으니 동생도 무사할 거라면서 말이다. 이 점을 파고들었다. 교육부를 통해 연세대학교에 조원이 대학원 입학 때 제출한 경력증명서 목록과 관련 자료 제출을 요구했다.

8월 20일 조국이 인사청문회 준비 입장문을 발표하던 날 저녁 조민이 다녔던 고려대, 서울대, 부산대에서는 대학생들이 자발적으로 모여 '조국 STOP!' 촛불집회 움직임이 일어났다.

4
준 사람은 없는데 받은 사람만 있는 서울대 유령 장학금

1972년 미국 워터게이트 사건의 결정적인 제보자(마크 펠트 FBI 부국장)는 취재에 어려움을 겪는 기자에게 '돈을 따라가라'고 했다. 조언대로 돈을 좇은 기자는 결국 닉슨 대통령재선위원회에서 돈이 흘러나왔음을 밝힌다.

나도 돈을 따라가 보기로 했다. 서울대에서 누가 조민에게 800만 원이 넘는 장학금을 줬을까. 실제 장학금을 지급하는 곳은 서울대 총동창회 장학재단 '관악회'다. 관악회는 주로 경제적으로 어려운 학생에게 장학금을 지급한다. 그런데 2014년 당시 조민 아버지 조국의 재산은 적어도 40억 원 이상이었다. 관악회가 경제적으로 어렵기는커녕 매우 풍족한 조국 자녀에게 장학금을 지급한 것은, 누군가 의도하지 않고서는 불가능해 보였다.

관악회에 연락했다. 직원은 장학금 담당자와 연락이 되지 않는다고 했다. 기자들도 장학금 담당자가 '잠수 탔다'고 했다. 얼마 후 관악회는 "누가 조국 딸에게 장학금을 지급했는지 알 수 없다"는 공식 입장을 냈다. 말이 되지 않았다. 당시 조국은 조민과 같은 대학의 교수로 근무 중이었다. 자녀의 장학금 지급에 부당한 영향력을 행사했을 가능성이 있다. 돈을 따라가자.

조국은 2019년 9월 2~3일 기자간담회에서 "(장학금을 받기 위해) 어디에도 신청하거나 전화나 연락을 한 적이 없다"며 "(장학생으로) 선정되었다는 연락만 받았다"고 했다. 거짓말이다. 서울대에 따르면, 이 장학금은 희망자 본인이 신청하고, 지도교수, 학과장, 대학원장의 결재를 거치도록 규정하고 있다. 게다가 장학금 신청서에도 '지도교수 서명란'이 존재한다. 그렇다면 둘 중 하나다. 조국이 거짓말하거나, 관악회가 규정을 어기고 조국에게 아부하거나.

이를 뒷받침하는 증언이 서울대에서 나왔다. 홍종호 서울대 환경대학원장은 자신의 페이스북을 통해 "조국 교수의 밖에서의 주장과 안에서의 행동 사이에 괴리가 너무 크다"며 "조국 딸은 장학금 신청을 말았어야 했다"고 했다. 딸이 장학금 신청하지 않았다는 조국의 해명이 거짓말이라는 것이다. 누가 조민에게 장학금을 줬을까.

관악회의 장학금 재원은 '송강재단'에서 나오는 기부금이다. 송강재단에 연락했다. 재단 측 J상무가 만나고 싶다며 서울 용산으로 오라고 했다. 알려준 장소는 큰 건물의 지하 카페였는데 낮에는 손님이 거의 없었다. 그는 양복 안주머니에서 종이 한 장을 꺼내 테이블에 올렸다. 자신들이 관악회에 돈은 대지만 장학생 선발은 관여하지 않는다는 내용의 '문서' 같은 거였다. 의아했다. 돈을 대는 측과 집행하는 측이 각자 역할만 하면 되지, 굳이 이런 어색한 내용의 문서를 만들 이유가 없었다.

휴대전화로 사진을 찍으려고 하자 냉큼 가져가 양복 안주머니에 넣었다. 사진 촬영은 안 된다고 했다. 필사(筆寫)를 하겠다고 하자 그것도 안 된다고 했다. 그냥 보기만 하라고 했다. 다시 보니 한글파일로 급조해서 만든 티가 났다. 문서를 신뢰할 수 없었다.

J상무는 좋은 취지로 장학사업을 하는데 비리 의혹에 휘말려 억울하다고 했다. 나는 누가 조민에게 장학금을 줬는지 궁금해 미치겠다, 고 속으로 말했다.

마지막으로 J상무에게 "장학금을 돌려받기도 하느냐"고 물었다. 조국은 기자간담회에서 "장학회에 연락하니 장학금 반납이 안 된다고 해서 어쩔 수 없이 받았다"고 했다. 바로 확인해 주었다. J상무는 "휴학이나 개인 사정이 있으면 장학금을 돌려받았다가 복학하면 다시 지급한다"고 했다. 관악회도 마찬가지였다. 관악회 직원은 "(조국 측으로부터) 반환하겠다는 문의를 받은 적이 없다"며 "반납하려면 다른 경로를 통해 충분히 할 수 있었을 것"이라고 했다.

장학금 반납이 안 되어 어쩔 수 없이 받았다는 조국은 어느 기관에서 확인하고 그런 주장을 하는지 끝내 밝히지 않았다. 만약 장학금 수혜자이자 — 서울대와 환경대학원장에 따르면 장학금을 신청한 당사자로 추정되는 — 딸의 말만 듣고 조국이 기자간담회에서 그런 주장을 한 것이라면, 억울함을 소명하려는 노력이 매우 부족했다고 밖에 볼 수 있다.

최종적으로 돈을 따라간 결과를 정리하면 이렇다. 수십억 원 재력가의 딸 조민은 장학금을 신청했고, 자격요건이 되지 않음에도 누군가 지시하여 장학금을 받았다. 또 질병 휴학을 하면서 2학기 장학금을 돌려주려고 했다지만 실제로는 그런 시도를 한 적이 없다. 2012년 4월 15일 조국은 자신의 트위터에서 이런 말을 했다.

"장학금 기준을 성적 중심에서 경제상태 중심으로 옮겨야 한다"

멋진 말이다. 하지만 자신도 지키지 않을 거면 적어도 대중에게 이런 말은 하지 말아야 했다. 후술하겠지만 조국은 서울대에 매 학기 자녀 학자금 지원신청을 했다. 물론 당시 조국은 수십억 원대 재력가였다.

〈채널A〉 김단비 기자에게 내용을 정리해 알렸다. 2019년 9월 3일 〈채널A〉는 '관악회, 조국 딸에게 장학금 반납 문의 받은 적 없다'는 기사를 보도했다. 송강재단 J상무가 보여준 문서도 공개하고 싶었지만, 가짜라는 의심이 들어 기자에게 말하지 않았다. 혹시 가짜 문서에 속아 오보라도 나면 지금까지 제기된 조국 의혹이 모두 흔들릴 수 있기 때문이다.

조민의 '유령 장학금' 정체는 아직도 밝혀지지 않았다. 다만 2023년 국정감사에서 서울대는 조민의 입학 취소 절차가 마무리되는 대로 조민에게 지급된 장학금 802만 원을 환수 조치하겠다고 밝혔다.

5
아버지가 품앗이해 온 조민의 제1저자 논문

8월 20일 〈동아일보〉 1면에 '고교 때 2주 인턴 조국 딸, 의학논문 제1저자 등재'라는 제목의 기사가 실렸다. 조민이 한영외고 재학 중이던 2008년 대한병리학회에 영어 논문을 제출하고 이듬해 논문 제1저자로 이름을 올렸다는 내용이다. 이날 조민의 장학금 비위 의혹이 입시부정 의혹으로 바뀌었다.

당시 취재를 총괄한 기자가 취재 과정을 상세히 들려주었다. 조국이 청와대 민정수석에서 곧바로 법무부 장관으로 갈 거라는 소문이 돌 때쯤 〈동아일보〉도 조민의 부산대 의전원 유급 소문을 접했다고 한다. 〈동아일보〉는 취재팀을 꾸려 조민이 과연 실력으로 의전원에 입학했는지 검증하기로 하고 과제물, 합격 수기 등을 거래하는 사이트에서 혹시 있을지 모를 조민의 흔적을 찾아보기로 했다.

일부 공개된 부산대 의전원 합격 수기를 보면서 조금이라도 조민 걸로 의심되는 자료를 전부 구매했더니 80만 원이 넘었다고 한다. 그

중 가장 유력해 보이는 조민의 합격 수기가 5만 원 정도. 수기에는 부산대 의전원 지원 때 제출한 스펙이 나열되어 있었다. 이중 눈에 띄는 것이 바로 논문. 당시 취재팀은 조민의 '논문 표절' 여부를 검증하려고 했다고 한다. 설마 논문 자체가 가짜일 거라고는 전혀 생각지도 못한 채 말이다. 취재팀은 난관에 봉착하기도 했다.

아무리 검색해도 조민이 저자로 된 논문을 찾을 수 없었기 때문이다. 그러다 팀원 중 한 명이 혹시 저자명이 영어로 되어 있을 수 있다면서 'Cho Min'으로 검색했으나 실패하고 마지막 심정으로 순서를 바꿔 'Min Cho'로 검색하니 기적처럼 나타났다고 한다.

취재팀은 논문 제목을 보고 기겁했다고 한다. 한글 논문인 줄 알았는데 영어 논문이어서 놀랐고, 주제가 의학 분야 그것도 병리학 분야라서 또 놀랐고, 마지막으로 조민이 논문 제1저자라서 놀랐다고 한다. 제목은 「eNOS gene polymorphisms in perinatal hypoxic-ischemic encephalopathy」 '출산 전후 허혈성 저산소뇌병증(HIE)에서 혈관내피 산화질소 합성효소 유전자의 다형성'. 한글로 읽어도 무슨 내용인지 알기 어려운 제목이다. 더 충격적인 건 논문 작성 시기였다. 시기를 계산해 보니 조민이 논문 작업에 참여할 때 고교 1학년생이었다. '논문 표절' 의혹이 '가짜 논문' 의혹으로 바뀌는 순간이었다.

취재팀은 논문의 수준을 판단하기 위해 기자와 친분이 있는 소아청소년과 의사에게 1차 조언을 구했다고 한다. 며칠 뒤 고등학교 1학년생이 절대 제1저자로 이름을 올릴 수 있는 논문이 아니라는 회신을 받고 조민의 '가짜 스펙 1호'로 확신했다고 한다. 취재팀은 즉시 대한병리학회에 논문 검증을 공식 의뢰하고 동시에 논문 공동 저자, 단국대 교수 책임저자 등을 상대로 취재에 들어갔다. 공동 저자들이 전국에 흩어져 있어서 먼저 도착한 기자는 다른 기자가 도착할 때까지 기다렸다가 동시에 취재했다. 취재에 시차가 있으면 공동 저자들끼리 말을 맞출 수 있기 때문이다.

여기서 흥미로운 뒷얘기가 있다. 애초 해당 기사는 이런저런 사정으로 앞 지면에 크게 잡히지 못하고 10면 이후로 작게 실릴 예정이었다고 한다. 언제 보도할지도 정하지 않은 채 말이다. 그러던 어느 날 〈한국일보〉가 조민의 장학금 비위 의혹을 보도하면서 조국 인사 검증에 대한 새로운 물꼬가 트였고, 이에 〈동아일보〉가 긴급회의를 소집해 조민의 가짜 논문 의혹을 1면 톱으로 잡았다고 한다. 이 얘기를 들려준 기자는 〈한국일보〉 보도 덕에 자기들이 힘들게 취재한 기사가 무사히 세상 밖으로 나왔다며 나에게 고맙다고 했다. 서로의 존재도 모른 채 각자 자리에서 열심히 일한 결과가 얽히고설켜 세상에 변화를 가져오는 게 신기했다.

재판을 통해 드러난 조민의 논문 제1저자 과정은 이렇다. 단국대 의과학연구소에서 이뤄진 병리학 논문의 공식 연구 기간은 2006년 6월부터 2007년 6월까지로 딱 1년이다. 2007년 미국 보스턴 벨몬트 고등학교에서 한영외고 1학년생으로 옮긴 조민은 연구가 종료된 이후인 2007년 7월 23일부터 2주간 뒤늦게 인턴으로 참여했다. 이후 조민은 1년 동안 연구에 참여한 박사 과정생들을 모두 제치고 논문 제 1저자로 등재됐다. 이 논문은 2008년 12월 11일 대한병리학회에 제출 됐고, 2009년 대한병리학회지 8월호에 실렸다.

조민은 2010년 고려대 환경생태공학부와 2015년 부산대 의학전문 대학원에 진학할 때 병리학 제1저자 논문 경력을 제출했다. 이 과정은 영원히 아무도 모르길 바라면서 말이다. 하지만 영원한 비밀은 없다. 조민이 한영외고를 다니던 어느 날 풍경이다. 한영외고 강당에 학부 모와 학생이 모여 서로 인사를 나누고 있다. 방학 동안 입시에 활용할 인턴 등 '스펙'을 만들어 줄 수 있는 학부모와 이런 '스펙'이 필요한 학 생들을 매칭시키는 자리다. 다들 비장한 표정이다. 이때 학부모 대표 로 나와 인사한 사람이 바로 당시 좌파 대표지식인으로 활동하던 조국 서울대 법대 교수였다. 실제로 조민과 고교 동기이던 장영표 교수(단국 대 의과학연구소 소장)의 아들은 조국 교수에게 인턴증명서를 받았고, 조 국 딸은 장영표 교수에게 논문 제1저자 타이틀을 받았다. 아버지들끼 리 자녀 스펙을 품앗이한 것이다. 2020년 5월 7일 재판에 나온 장 교 수 아들은 "아버지가 조민 스펙을 만드는 데 도움을 주었기 때문에 조 국 교수님의 도움을 받은 것"이라고 검찰에서 진술했다고 밝혔다.

하지만 조민은 자신의 책에서 부모님의 도움을 거의 받지 않았다고 얘기한다. 『오늘도 나아가는 중입니다』에서 조민은 "나는 고등학교 때 부모님의 간섭은 아예 없이 필요한 때 용돈만 받고 지냈다. 학부모 회의에 친구들 부모님이 오실 때도 우리 부모님은 거의 오지 못하셨다"고 했다. 학부모 대표로 인사한 아버지, 아버지가 품앗이로 받아온 논문 제1저자는 도대체 무엇이란 말인가.

조국은 2012년 4월 19일 자신의 트위터에 "논문의 기본은 갖추어야 한다. 지금 이 순간도 잠을 줄이며 한 자 한 자 논문을 쓰고 있는 대학원생들이 있다"고 했다. 참으로 옳은 말이다. 하지만 조국은 자신의 딸 논문 문제가 터지자 입장을 바꾼다. 2019년 8월 20일 조국은 "프로젝트의 실험에 적극 참여했고, 경험한 실험 과정 등을 영어로 완성하는 데 기여해 (장영표) 교수로부터 좋은 평가를 받았다"며 문제가 없다고 주장했다. 이 무슨 궤변인가.

'가짜 논문' 보도로 여론의 비판이 거세지자, 본인도 말이 안 된다고 생각했는지 나중에는 논문을 입시에 활용하지 않았다고 입장을 바꾼다. 2019년 9월 2일 조국은 기자간담회에서 "고려대 입학할 때 병리학 논문을 제출하지 않았다"고 했다. 그런데 이것도 거짓말이다.

검찰이 고려대에서 확보한 조민의 응시지원서 증빙자료 목록 아홉 번째에 병리학 논문이 기재돼 있다. 당시 입학전형에 참여한 고려대 생명과학대 A교수도 검찰 조사에서 조민이 제1저자로 기재된 병리학 논문을 입학전형 때 제출했다고 진술했다.

조국은 늘 이런 식이다. 대응하는 패턴이 일정했다. 처음 의혹이 제기되면 일단 부인한다. 그러다 증거나 증인이 나오면 거짓말로 모면하려고 한다. 거짓말이 들통나면 이 모든 게 검찰개혁을 하다가 억울하게 당한 일, 가족이 도륙, 멸문지화를 당했다는 식으로 대응했다.

법정에서 드러난 조국의 거짓말

2020년 9월 3일 조국은 부인 정경심 전 동양대 교수의 재판에 증인으로 나와 증언거부권을 행사했다. 이 과정에서 자녀 입시부정과 관련한 조국의 해명 발언이 거짓임이 드러났다.

첫째, 장영표 교수 아들을 모른다고 했으나 거짓이었다. 조국은 2019년 9월 기자간담회에서 딸 조민을 논문 제1저자로 올려준 단국대 장영표 교수를 전혀 모른다고 했다. 이어 "장 교수의 아들 역시 이름도 모르고 얼굴도 모른다"고도 했다. 그러자 검찰은 조국이 2008년 조민과 장 교수에게 직접 보낸 이메일을 공개했다. 이메일에는 "내가 내년 상반기 중 아시아지역 사형 현황에 대한 국제 심포지엄을 개최할 건데 여기에 두 사람이 인턴십 활동을 하도록 조치할 것이니 이 점 고려하길 바랍니다"라는 내용이 적혀 있다.

둘째, 서울대 공익인권법센터 인턴증명서를 모른다고 한 것도 거짓이었다. 2019년 국회 본회의에서 조국은 "센터에서 발급해 준 것이지 제가 발급해 달라고 요청한 바가 없다"며 "저는 센터 사무국장이 아니기 때문에 문서 발급 상황을 알지 못한다"고 했다. 그러나 검찰이 확보한 조국의 컴퓨터에서 조민을 비롯한 세 명의 인턴증명서가 나왔다. 검찰의 "센터장도 사무국장도 아닌 조국의 컴퓨터에서 인턴증명서가 나온 이유가 무엇이냐"는 물음에 조국은 답변을 거부했다.

셋째, 부산 아쿠아펠리스 호텔 인턴증명서를 모른다고 한 것도 거짓이었다. 조국은 검찰 조사에서 "호텔로부터 우편으로 인턴증명서 실물을 받았다"고 진술했다. 그러나 조국의 컴퓨터에서 호텔 인턴증명서가 나왔다. 검찰의 "왜 본인 컴퓨터에서 호텔 인턴증명서가 나왔느냐" "실제 호텔 명칭은 '펠리스'인데 본인이 증명서를 직접 만들면서 '팰리스'라고 오기한 것이 아니냐"는 물음에 조국은 답변을 거부했다. 입시부정 의혹에 대한 조국의 해명이 대부분 거짓이었던 것이다.

조민의 병리학 논문, 인턴증명서를 포함한 '7대 스펙'은 정경심 재판에서 모두 허위로 인정됐고, 2022년 1월 27일 대법원에서 유죄로 확정됐다. 조국은 2023년 2월 3일 1심 재판에서 7대 스펙 중 ▲서울대 공익인권법센터 ▲부산 아쿠아펠리스호텔 인턴증명서 등은 조국이 직접 위조한 것으로 보고 유죄 판결을 내렸다.

조국은 하지만 이후 재판에서 '이것'만큼은 위조하지 않았다고 주장한 것이 있다. 바로 문재인 전 대통령 의견서다. 2023년 10월 16일 2심 재판에서 조국은 '유재수 감찰 무마 혐의'가 무죄라는 취지의 문 전 대통령 의견서를 제출했다. 검찰은 그러나 "형식이나 내용에서 문 전 대통령이 직접 작성한 것으로 보기 어렵다"며 증거 채택에 동의하지 않았다. 조국은 자신의 SNS를 통해 "문재인 전 대통령의 의견서를 위조했다는 말인가"라며 모욕적 주장이라고 분개했다.

하지만 검찰의 입장에서는 조국이 제출한 대통령 의견서를 위조로 의심하는 건 무리가 아니었다. 허위로 판결 난 딸의 7개 스펙 중 2개는 조국이 직접 위조했기 때문이다(1심 판결). 오히려 위조 증명서 제출 전력이 있는 사람이 제출한 서류를 덜렁 믿는 것이야말로 검찰의 공소유지 책무를 소홀히 하는 것이다. 조국은 '감히 내가 의견서를 위조했다고 의심하느냐'고 화를 낼 것이 아니라, 차분하게 대통령의 의견서 진위를 입증하는 것이 본인의 억울함을 푸는 데 도움이 될 것이다.

이외에도 조국의 소소한 거짓말이 추가로 확인됐다. 조국은 2019년 9월 국회대정부질문에서 "오랫동안 같은 번호를 쓰고 있다"며 휴대전화를 바꾼 적 없다고 했지만, 검찰이 확보한 증거에 따르면 불과 한 달 전인 8월 어느 밤 11시에 휴대전화를 바꿨다. 또 조국은 2019년 12월 국회운영위원회에서 "검찰에서 요구하면 휴대전화를 내줄 것"이라고 답변했으나 실제 검찰 조사받을 때 휴대전화 제출을 거부했다. 조국이 서울대에 사의를 표명했다는 것도 거짓말이었다. 조국은 2022년 4월 27일 자신의 페이스북에 "서울대에 '사직'의사를 표명했다"고 했다. 확인해 보니 사실이 아니었다. 5월 25일 서울대는 공식적으로 "조국 교수로부터 사의 표명 연락을 받은 적이 없다"고 밝했다. 오히려 서울대 교무과 직원들은 '조국이 서울대에 사의를 표명했다'는 언론기사를 보고 놀랐다고 했다. 알고 보니 조국이 서울대에 사의를 표명하면 수리가 되는지 비공식적으로 문의는 한 것을 두고, 사의를 표명했다고 한 것이었다. 사의를 문의하는 것과 표명하는 것은 엄연히 다르다. 조국은 이런 식으로 궁지에 몰리면 일단 부인하는 거짓말을 하거나 애매모호한 거짓말로 대응했다. 나중에 들통나면 어김없이 검찰개혁, 배신, 멸문지화, 묵비권 등을 들고나왔다.

조국은 이날 검찰의 모든 질문에 "(형사소송법) 148조에 따르겠다"라며 303회 답변을 거부했다.

참고로 정경심은 조국과 다른 전략을 구사했다. 재판에서 답변을 거부하는 것이 아니라, 자신과 친분 있는 여러 명의 사람을 내세워 사실과 다르게 허위 증언하도록 했으며, 심지어 출처가 의심되는 증거 자료를 제출하면서 재판에 혼선을 주기도 했다. 재판부는 이를 괘씸하게 봤다. 1심 재판부는 정경심에게 징역 4년, 벌금 5억 원을 선고하면서 이례적으로 "재판과정에서 실체적 진실의 발견을 저해하는 피고인의 시도가 있었다"고 밝혔다. 또 "입시비리를 진술한 사람들이 정치적 목적, 개인적 목적을 위해 허위 주장을 했다고 함으로써, 법정에서 증언한 사람들을 비난하는 계기를 제공했다"고 했다. 재판부는 "진실을 말하는 사람에게 정신적인 고통을 가했다"며 결국 정겸심을 법정구속했다.

정경심은 재판부의 지적을 어떻게 받아들였을까. 시집(詩集)『나 혼자 슬퍼하겠습니다』에서 '그대는 어디 계셨던가'를 보면 당시 심정을 짐작할 수 있다. 정경심은 "일면식도 없는 이들이 이렇게 발 벗고 나서는데, 그대는 어디 계셨던가. 그대는 그렇게 두려웠던가. 우정을 묻어 버릴 만큼?"이라며 자신을 도와주지 않은 증인 등 주변 지인들을 질책했다. 재판부가 명확하게 허위 증언 등 재판 혼선을 준 정경심을 꾸짖었지만, 정경심은 받아들이지 않은 듯했다. 실제로 정경심은 가석방 후 재판에서 아들이 인정한 허위 경력을 부인했다. 2023년 12월 18일 서울고등법원에서 정경심은 판사에게 "제 아들 말을 진실이라고 믿으면 안 된다"며 "10~20대 애들이 전부 거짓말을 하더라"고 했다.

조민도 다르지 않았다. 조민은 재판부를 무시하다 과태료 처분까지 받았다. 2020년 5월 14일 조민이 증명서대로 2009년 5월 15일 '서울대 국제인권법센터 세미나'에 참석했는지 따지는 재판이 열렸다. 조민의 친구들은 일관되게 "세미나에서 조민을 본 적이 없다"고 증언했다. 반면, 서울대 공익인권법센터 사무국장 김 모 씨는 조민을 봤다고 증언했다. 하지만 구체적인 진술에서 오락가락하자 재판부는 "증인은 왜 모든 경우를 다 얘기하느냐"며 질타했다. 결국 김 씨는 재판 위증(허위 증언) 혐의로 기소됐고, 2023년 11월 조민은 이 재판의 주요 증인으로 채택됐다. 하지만 조민은 어차피 "증인으로 나가더라도 진술을 거부할 것"이라는 내용의 사유서를 내고 재판에 불출석했다. 2024년 1월 18일 재판부는 사유를 인정할 수 없다며 조민에게 과태료 200만 원을 부과했다. 1심 재판부가 정경심에게 유죄를 선고하면서 '진실의 발견을 저해하는 시도가 있었다'고 지적했고, 그 시도에 법적 책임을 묻는 상황이 발생하자 조민은, 외면했다. 조민이 다음 재판에 출석한 다면 아버지 조국과 아버지의 스승 한인섭 교수처럼 묵비권을 행사할 가능성이 높아 보인다.

언론은 조민 스펙을 어떻게 알았나?

언론이 의혹을 제기할 때 보통 제보나 증언, 공개된 자료를 통해 단서를 잡고 취재한다. 하지만 조민의 경우는 달랐다. 언론은 조민의 스펙을 처음부터 알고 검증했다. 마치 조민의 입시 서류를 손에 들고 있는 것처럼 말이다.

실제로 손에 들고 있었다. 조민은 고려대와 부산대 의전원 합격 수기를 인터넷에 올려 돈을 받고 팔았기 때문에 자료는 마구 돌아다니고 있었다. 부정행위에 익숙해진다는 것은 무서웠다. 입시부정의 증거를 아무나 볼 수 있는 인터넷에 올려놓다니. 누가 검증이라도 하려면 어쩌려고 말이다.

처음에는 누구도 조국 자녀의 입시부정을 상상조차 하지 못했다. 부모가 서울대 법대와 영문과를 졸업한 수재이다 보니 으레 자녀들도 공부를 잘했을 거라는 후광효과가 있었다. 하지만 〈한국일보〉가 조민의 의전원 장학금 비위 의혹을 제기하고, 〈동아일보〉가 논문 제1저자 가짜 의혹을 제기하면서 분위기가 달라졌다.

조민이 인터넷에서 판매한 자료는 최소 6개다.

 - 2011년 6월 고려대 수시 이력서

- 2011년 6월 고려대 수시 자기소개서
- 2011년 6월 해외 봉사 자기소개서
- 2012년 1월 가장 감동적이었던 순간 논술
- 2014년 6월 서울대학교 환경대학원 자기소개서
- 2015년 5월 부산대 의학전문대학원 자기소개서

부산대 의전원 자기소개서가 5만 원으로 가장 비쌌고, 서울대 환경대학원 자기소개서가 2만 원, 고려대 자기소개서는 6천 원, 고려대 이력서는 5천 원, 봉사단체에 제출한 자기소개서는 3천 원, 논술 자료는 5백 원이었다. 알뜰했다.

입시부정 의혹 보도가 나오자 조민은 뒤늦게 자료를 전부 삭제했지만 이미 늦었다. 기자들이 자료를 전부 구매한 뒤였다.

6
조국 민정수석실의 이례적 교육부 감찰

2019년 8월 22일 〈국민일보〉 1면에 '청(靑) 민정수석실, 교육부 미성년자 논문 전수조사 이례적 감찰'이라는 제목의 기사가 실렸다. 조국 장관 후보자가 청와대 민정수석(2017년 5월 11일~2019년 7월 26일)으로 근무하던 2019년 초 청와대 민정수석실이 교육부 '논문조사팀'을 불러 직무감찰을 했다는 내용이다.

이 기사가 크게 보도된 이유는, 교육부 논문조사팀이 조민의 병리학 논문을 적발했는지 알아보기 위해 청와대가 직접 나선 것이라는 의심이 들기 때문이었다. 사실이라면 권력을 사적으로 이용한 명백한 범죄행위다.

청와대 민정수석실은 대통령 가족과 공무원의 비위를 감시하고 고위 공무원 인사 검증 업무를 주로 한다. 검찰·경찰·국정원 등 사정기관이 생산하는 정보나 첩보를 대통령에게 직접 보고하기도 한다. '실세 중의 실세' 조직인 것이다. 때문에 민정수석실이 공무원을 호출하면 아무 잘못이 없더라도 일단 오금이 저릴 수밖에 없다.

기사의 단서는 제보였다. 보도 이틀 전인 8월 20일 〈국민일보〉이 도경 기자에게서 전화가 왔다. 교육정책 관련자로부터 제보를 받아 취재 중인데 청와대가 확인해주지 않아 기사를 못 쓰고 있다고 했다. 민감한 내용이라 여기저기 돌아다니며 물어볼 수도 없다고 했다.

교육부 논문조사팀 관련자에게 전화했다. 저녁 8시가 조금 넘은 시각. 휴대전화 너머로 주변 소음이 들렸다. 아직 밖이었다. 단도직입적으로 물었다.

"작년 말 청와대 민정수석실에 왜 갔어요?"

"어? 네? 올 초인데… 근데 그거 어떻게 아세요?"

미끼를 물었다.

"고위공무원 비위를 감시하는 민정수석실이 교육부 논문조사팀을 부를 이유가 없잖아요?"

자기도 그게 궁금하다고 했다. 조사팀 전원이 청와대 민정수석실 호출을 받아서 굉장히 긴장했다고 한다.

"조국 수석이 논문조사 방법을 묻던가요?"

갑자기 대화가 중단됐다. 가는 숨소리만 들렸다. 상대가 전화를 끊을까 봐 조마조마했다.

"괜찮아요, 뭐 어차피 알고 있는데요. 조 수석이 내내 직접 조사하던가요?"

침을 꼴깍 삼키고 기다렸다. 갑자기 상대 휴대전화에서 주변 소음이 사라졌다. 조용한 곳으로 자리를 옮긴 것이다.

"아니에요. 조국 수석님은 못 봤고 수석실 직원들하고만 얘기했어요."

20분가량 통화가 이어졌다. 2019년 5월경 논문조사팀 2~3명이 청와대에 갔고, 1차에서 미성년 논문 조사 방법과 적발한 논문 현황에 대한 감찰을 받았고, 2~3차에서는 관련 자료를 민정수석실에 제출했다고 했다. 통화 내용을 정리해 이 기자에게 보냈다. 이틀 후 〈국민일보〉는 청와대의 입장을 받아 1면 톱으로 보도했다.

민정수석실의 논문조사팀 감찰과 관련해 안타까운 뒷얘기가 있다. 당시 논문조사팀 중 한 명이 임신 중이었는데 유산을 했다고 한다. 논문조사로 인한 스트레스 때문인지, 민정수석실 직무감찰로 인한 스트레스 때문인지 알 수 없다. 하지만 직원들은 난데없는 민정수석실 감찰에 대해 강한 불만을 드러냈다고 한다. 해당 직원은 유산 직후 논문조사팀을 나와 다른 부서로 옮겼다. 청와대 민정수석실은 교육부 논문조사팀 감찰에 대해 "업무 점검 차원이었다"라고 밝혔다.

2019년 10월 2일 국정감사에서 당시 상황이 좀더 자세히 밝혀졌다. 교육부가 적발한 미성년 공저자 논문은 모두 549건. 여기에 조민의 병리학 영어 논문은 포함되지 않았다. 교육부는 "조국 딸이 단국대 의과학연구소 소속으로 기재돼 있어 미성년 논문 조사 대상에서 빠졌다"고 해명했다. 사실이다. 이 때문에 대한의사협회는 조민을 한영외고가 아닌 단국대 의과학연구소 소속으로 허위 표기한 장영표 단국대 의대 교수를 징계위에 회부했다.

국감장에서 교육부 박백범 차관은 "청와대 민정수석실 행정관 2~3명이 찾아온 것은 의아하게 생각하고 있다"고 증언했다. 김규태 고등교육정책실장은 "민정수석실 행정관들이 '팀을 구성해서 속도를 내서 일을 해야 되는 거 아니냐'고 했다"고 증언했다. 민정수석실이 논문조사 종결을 위한 구체적인 방법까지 제시한 것이었다. 민정수석실은 왜 이렇게 이례적으로 논문 조사에 관심을 가졌을까? 논문조사팀이 조민 논문을 적발하지 않은 것을 확인하자 서둘러 조사를 종결시키려 한 게 아니냐는 의심이 든다. 이승복 대학학술정책관은 이에 대해 "그렇게 생각하지 않는다"고 짧게 답했다.

여기에 재밌는 사실이 있다. 사실 논문조사팀은 민정수석실에 불려 가지 않을 수 있었다. 원래 논문조사팀은 대학교수가 자기 자녀를 논문의 공동 저자로 올리는 것을 적발하기 위해 만들어졌다. 때문에 처음에는 논문 공동 저자가 교수의 자녀인지 아닌지 여부만 확인했다고 한다. 그런데 조사를 하면 할수록 미성년 논문 저자가 다수 발견되자 어쩔 수 없이 조사 범위를 '교수 자녀 저자'에서 '미성년 저자'로 확대하게 됐다. 이게 화근이었다.

조국은 불안했다. 교육부가 딸이 미성년 시절 쓴 논문을 적발할 수도 있으니 말이다. 게다가 논문 제1저자라는 사실이 적발되는 건 더 상상하기 싫었을 것이다. 운이 좋으면 적발되지 않을 수 있다. 논문에서 조민의 소속은 한영외고가 아닌, 단국대 의과학연구소이었기 때문이다. 운은 그러나 교육부까지였다. 국회와 언론에는 통하지 않았다.

어쨌거나 교육부는 이런 사실은 까맣게 모르고 열심히 일하다 민정수석실 직무감찰을 받았다. 민정수석실 행정관들도 이런 사실을 모르고 그냥 위에서 시키는 대로 충실히 직무감찰을 했을 것이다. 교육부 논문조사팀원과 민정수석실 행정관들은 선량한 피해자인 셈이다.

7

영화 「기생충」 실사판 조국 부부

　조민의 '동양대 총장 표창장'은 조국 사태에서 가장 뜨거운 이슈였다. 다른 증명서와 달리 총장 표창장은 포토샵으로 위조된 증명서라는 의혹을 받았기 때문이다. 서울대 법학과, 영문과를 나온 부부가 컴퓨터 앞에 앉아 포토샵으로 자식에게 줄 경력증명서를 위조하는 모습은 상상하기 어렵다. 장학금 비위나 병리학 논문이나 인턴증명서 등은 모두 조국, 정경심 부부의 관계자들에 의해 만들어진 가짜 경력이다. 다른 사람의 도움을 받지 않고 만든 증명서 중 대표적인 게 동양대 총장 표창장이었다.

　동양대 표창장은 조민의 부산대 의전원 합격 수기에서 처음 등장한다. 이 수기에서 조민은 대학 총장 표창장 이력을 의전원 입시 때 제출했다고 밝혔다. 그런데 조민의 가짜 경력이 점점 늘어나면서 이 이력도 가짜일지 모른다는 의혹이 제기됐다. 나도 의심이 갔다. 8월 25일 교육부를 통해 동양대, 공주대 등 전국 10여 개 대학에 조민, 조원이 받은 대학 총장상 제출을 요구했다. 부산대, 서울대 등 국립대와 달리 사립대는 교육부를 통해 자료제출을 요구해야 한다.

하루가 멀다고 자료제출을 독촉했다. 교육부 담당 과장은 자료 취합하는 데 시간이 걸리니 조금만 기다려 달라고 했다. 얼마 뒤 9월 3일 검찰이 동양대를 압수수색했다는 소식이 들렸다. 이때만 해도 나는 검찰이 왜 동양대를 압수수색하는지 전혀 몰랐다. 곧 기사가 쏟아졌다.

동양대 관계자 인터뷰 내용이다. 그는 "오늘 검찰에서 조 후보자 딸이 우리 학교에서 받았다는 표창장을 들고 왔는데 상장 일련번호와 양식이 우리 것과 달랐다"며 "그래서 지금 학교에 있는 상장번호를 보여주고 검찰도 이를 확인해서 갔다"고 했다. 검찰이 표창장의 위조 가능성을 염두에 둔 것이다.

위조 정황은 더 있다. 정경심 교수가 동양대 최성해 총장에게 전화를 걸어 '총장님께서 자료를 잘못 내주면 총장님께서 다친다'고 압박했다. 이어 '딸의 의전원 입학이 취소될 수도 있으니 총장 표창장 발급이 정상적으로 이뤄졌다는 반박 보도자료를 내달라'고 요구했다. 정상적으로 발급한 표창장이라면 이런 요청을 할 리가 없다. 최 총장이 거부하자 정 교수는 '그러면 확실히 위임을 받았다고 해줄 수 없냐'고 요청했다. 최 총장은 다시 거절했다. 정 교수는 집요했다. 정 교수는 '(상장) 대장에는 없지만 어학원에서 (표창장을 발급) 했을지도 모르겠다고 (보도자료를) 내달라'고 했다. 최 총장은 모두 거절했다.

조국이 나섰다. 정 교수가 통화하면서 조국을 바꿔줬고, 조국은 "그렇게 해주면 안 되겠느냐. 법률 고문팀에 물어보니까 그러면 총장님도 살고 정 교수도 산다는 말을 했다"고 했다. 전형적인 말 맞추기다. 나중에 조국은 이런 대화내용을 나눈 적이 없다고 전면 부인했다. 최 총장에게 사실대로 밝혀달라고 짧게 말했을 뿐이라고 했다.

누구 말이 맞을까.

영화 「기생충」이 생각났다. 가족이 어떤 식으로든 위조를 정당화하기 위해 노력하는 모습이 영락없이 영화 「기생충」의 한 장면이었다.

"서울대 문서위조학과 뭐 이런 거 없나?"

"아버지, 전 이게 위조나 범죄라고 생각하지 않아요. 저 내년에 이 대학 꼭 갈 거거든요."

"오 너는 계획이 다 있구나."

조민은 2023년 12월 8일 서울중앙지법에 출석해 입시전형 자료를 제출할 때 자신의 경력증명서가 허위라는 사실을 알았다고 인정했다. 영화에서 송강호와 아들의 대화는 현실에서는 조국 부부와 딸의 대화였던 셈이다. "아버지, 저 내년에 부산대 의전원에 꼭 갈 거거든요."

외신도 조국 사태를 영화 「기생충」에 빗대었다. 영국의 〈이코노미스트〉는 2019년 10월 영화 분석 기사 메인 제목을 '대통령은 한국사회에 실력으로 인정받는 공정사회를 약속했다'로 달고, 부제목으로 '그래서 한국인은 법무부 장관을 집어삼킨 스캔들에 격분했다'로 달았다. 뉴스통신사 〈로이터〉는 2020년 2월 10일자 '한국의 뿌리 깊은 사회적 분열을 반영한 영화 기생충'이라는 제목의 기사에서 "영화에서 학위를 위조하는 장면은 최근 한국에서 발생한 '조국 전 법무부 장관의 스캔들'을 연상시킨다"고 보도했다. 미국 〈뉴욕타임스〉는 2021년 4월 7일자 기사에서 조국 사태 등 문재인 정권 진보 인사들의 위선을 비중 있게 다루며 "한국에선 naeronambul(내로남불)이라고 한다"고 보도했다.

마음을 가다듬고 교육부에 다시 자료제출을 독촉했다. 여전히 자료 취합 중이니 조금만 기다려달라고 했다. 이날이 9월 4일. 그런데 이날 한 중앙지가 '동양대 내부 공문도, 조국 딸 관련 '총장상 수상 없음''이라는 제목의 기사를 보도했다. 눈을 크게 뜨고 자세히 봤다. 짧게 탄식이 흘러나왔다. 내가 교육부에 요구한 것과 똑같은 자료로 기사가 났다. '누군가 내 요구 자료를 가로챘나' 의심스러울 정도였다. 모든 의원실이 열심히 자료조사를 하다 보니 어느새 생각하는 것도 비슷해졌고, 나오는 자료들도 비슷해져 갔다. 어쨌거나 조민에게 총장 표창장이 나간 적이 없다는 사실이 정부부처와 동양대의 공식 문서로 확인됐으니 그걸로 만족이었다.

법원이 동양대 총장 표창장이 위조라고 판단한 근거는 명확했다. 첫째, 표창장에 찍힌 인주가 번지지 않았다. 정경심은 "내가 조민한테 (표창장의) 인주가 번지는지 물었는데 안 번진다 그래서요"라고 동양대 직원과 통화한 녹취가 있다. 원본이라면 직인을 손으로 문지르면 인주가 번진다. 직인을 스캔했기 때문에 인주가 번지지 않은 것이다. 둘째, 표창장이 진짜라고 하면서도 원본이나 사진을 끝내 법원에 제출하지 않았다. 나중에 박지원 전 국회의원이 공개한 표창장 사진을 제출했는데 촬영 시기 등을 확인할 수 있는 속성값이 모두 지워진 사본만 제출했다. 셋째, 표창장이 어느 날 갑자기 나타났다. 조민은 2013년 6월 서울대 의전원과 2014년 6월 부산대 의전원에 지원하면서 표창장을 제출했다. 하지만 조민은 이보다 앞선 2013년 3월 차의대 의전원에도 지원했는데, 이때는 표창장을 제출하지 않고 자기소개서에도 언급하지 않았다. 2013년 6월경 표창장을 위조했다는 근거가 된다. 넷째, 동양대 최성해 총장과 직원 모두 조민에게 표창장을 발급한 적이 없다고 증언한다. 다섯째, 표창장 양식과 일련번호가 다르다. 표창장에 조민의 주민번호 전체가 적혀 있는데, 동양대는 표창장에 주민번호를 기입하지 않는다. 일련번호에 하이픈(-)이 두 번 들어간 상장도 조민 표창장이 유일하다.

정황 증거도 있다. 정경심이 과거에 자신의 경력증명서를 위조한 사실이 확인됐다. 강사휴게실 PC에서 정경심의 30여 년 전 무역회사 경력증명서가 두 개 나왔는데, 근무 기간과 회사 직인이 달랐다. ①1985년 3월부터 1988년 8월까지 3년 5개월 근무한 경력증명서와 ②1985년 1월부터 1993년 2월까지 8년 2개월 근무한 경력증명서가 나왔다. 포렌식 결과, 포토샵으로 원본 ①에서 근무 기간을 늘리고 회사 직인을 스캔하여 하단에 붙여 가짜 ②를 만들었다. 원본 경력증명서가 오래되어 색이 노랗게 바랬는데, 이것을 스캔 후 위조 경력증명서에 붙이는 바람에 하얀색 가짜 경력증명서에서 직인 부분만 색이 노랗다. 무역회사 경력증명서가 정경심의 집에서 사용한 PC에서 나왔고, 조국이나 아들딸, 제3자가 위조할 이유가 없다는 면에서 정경심이 컴퓨터를 능숙하게 다룰 줄 알고, 증명서를 위조할 능력이 있다는 증거로 인정됐다. 정경심은 재판 내내 자신이 '컴맹'이라고 주장했었다.

표창장에 기재된 내용도 허위로 확인됐다. 표창장에 기재된 봉사활동 기간에 조민은 서울의 패스트푸드점, 부산의 피부미용실 등에서 신용카드를 사용한 기록이 나왔다. 법원은 조민이 아예 봉사활동을 하지 않은 증거로 봤다.

이 일을 계기로 가짜 증명서에 대한 명확한 입학 취소 기준이 마련됐다. 그동안 대학 자율에 맡겨왔고 대부분 대학이 입학 취소 조치를 했다. 하지만 일부 대학에서 학생부종합전형에서 기재 금지사항을 위반하거나 표절한 지원자를 입학 취소시키지 않은 사례가 적발됐다. 이에 대학 입시에 허위 경력을 기재하거나 가짜 서류를 제출하면 해당 학생을 반드시 입학 취소하도록 하는 '조민 방지법(「고등교육법 개정안」)'이 2019년 11월 19일 국회 본회의를 통과했다. 2020년 대학 입시부터 실시하기 위해 이례적으로 신속하게 처리했다.

동양대 총장 표창장은 정말 합격에 영향이 없었나?

조민은 『오늘도 나아가는 중입니다』에서 동양대 총장 표창장 위조 혐의를 부인했다. 책에서 "동양대 표창장 등 여러 문서의 내용을 철저히 점검하지 않고 발급권자가 주는 것이니 문제가 없을 것이라고 생각하고 학교에 제출했다"고 말했다. 전혀 사실이 아니다.

▲동양대 총장 표창장 ▲서울대공익인권법센터 인턴증명서 ▲아쿠아펠리스호텔 인턴증명서는 아예 발급권자가 준 적이 없는 증명서다. 총장 표창장은 정경심이 직접 동양대 PC로 만들었고, 서울대공익인권법센터와 아쿠아펠리스호텔 인턴증명서는 조국이 직접 서울대 교수연구실 PC로 만들었다는 것이 정경심의 대법원과 조국 1심 재판부의 판결이다.

조민은 『오늘도 나아가는 중입니다』에서 "우리나라의 사법 시스템이 완벽하지 않겠지만, 국민의 한 사람으로서 존중한다"고 썼다. 우리나라 사법 시스템 역량이 부족하여 자신이 억울한 일을 당할 수 있지만 그래도 존중해주겠다는 알량한 뜻으로 읽힌다.

또 동양대 표창장이 의전원 합격에 '영향을 주지 않았다'는 주장도 펼쳤다. "부산대 입학전형공정관리위원회에서도 동양대 표창장은 입학에 영향을 주지 않았다고 발표했다(2021.9.30.)"고 썼다. 사실을 교묘히

왜곡한 것이다. 이날 부산대가 발표한 전체 내용을 분석하면 이렇다.

첫째, 부산대는 그런 말을 한 적이 없다. 박홍원 부산대 교육부총장은 "입학전형공정위는 이들 제출서류의 영향력을 분석한 결과, 동양대 표창장과 입학서류에 기재된 경력이 의전원 합격에 미친 영향이 크지 않다고 판단했다"고 말한 것이 전부다. 조민은 여기서 '영향이 크지 않다'고 한 것을 '영향을 주지 않았다'고 둔갑시켰다.

둘째, 부산대 핵심 발표 내용은 전혀 다르다. 박 교육부총장은 "2015학년도 의전원 신입생 모집요강 내 '지원자 유의사항'에 '제출 서류의 기재사항이 사실과 다를 경우 불합격 처리한다'고 돼 있고, 이 때문에 조민의 제출 서류(동양대 표창장 등)가 합격에 미친 영향력 여부는 고려 사항이 될 수 없다"고 했다. 즉, 동양대 표창장의 영향력은 애초 입학취소 여부 판단할 때 전혀 고려 사항이 아니었다는 것이다. 그런데도 조민은 『오늘도 나아가는 중입니다』에서 이 부분은 쏙 빼고 그나마 인용한 부분도 진실과 다르게 왜곡했다. 독자가 오인하게끔 의도한 것으로 보인다.

법원 판결문을 보면 더욱 명확해진다. 법원은 "(조민은) 동양대 표창장이 없었으면 불합격했을 것"이라고 했다. 정경심의 1심 판결문에 그 이유가 자세히 나와 있다. 조민은 30명을 선발하는 1단계에서 63.75점, 15명을 선발하는 2단계에서 28.66점을 받아 최종 92.41점을 받았다.

당시 조민은 입학원서 경력란에 ①2008년 공주대 생명과학연구소 인턴, ②2011년 KIST분자인식연구센터 인턴, ③2013년 동양대 어학교육원 보조연구원 경력, ④2011~2014 해외 의료지원단 자문위원 경력을 적었다. 자기소개서의 '수상 및 표창실적' 란에는 동양대 총장 표창장 수상 이력을 기재했다.

재판부는 ①~③의 경력에 대해 조민이 실제 활동을 하지 않고 만들어 낸 '가짜증명서'로 판단했다. 자기소개서에 기재된 동양대 총장 표창장에 대해서는 정경심이 총장 직인을 스캔해 위조한 것으로 판단했다. 재판부는 만약 1단계에서 이러한 가짜증명서, 위조문서 사실이 발각됐다면 바로 탈락했을 것이라고 봤다.

입시전형 단계를 봐도 마찬가지다. 조민은 30명을 뽑는 1단계에서 63.75점을 받아 통과했는데, 당시 탈락한 31등이 61.82점으로 조민과 불과 1.93점 차이다. 서류평가 점수 폭이 8.3점이나 되므로 만약 동양대 표창장을 제출하지 않았다면 1단계에서 탈락했을 가능성이 매우 높다.

또 15명을 뽑는 2단계에서 조민의 합격 점수와 16등으로 탈락한 지원자와의 점수 차이는 1단계 때 보다 작은 1.16점이었다. 역시 동양대 총장 표창장이 없었으면 불합격했을 거라는 것이 재판부의 판단이다. 심지어 판결문에는 동양대 총장 표창장이 위조라는 근거와 위조 과정도 자세히 나와 있다.

조민은 입시부정의 당사자로서 이런 판결 내용을 잘 알 것이다. 그런데도 조민은 자신의 책에서 부산대 입학전형공정위가 언급한 한 구절을 인용하고 왜곡해서 마치 동양대 총장 표창장이 없어도 합격할 수 있었던 것처럼 말했다. 표창장 위조 사실에 대해서는 아예 언급하지 않앉다. 아버지와 닮았다. 옳지 않다.

본인의 기소 부분에 대해서는 "내가 이해할 수 없는 일이 많이 일어나고 있다"고 썼다. 차고 넘치는 증거와 증언, 법원 판결문 앞에서도 이해할 수 없다고 한다면, 도대체 어떻게 해야 이해가 가능하다는 말인가.

정경심도 다르지 않다. 자신의 시집(詩集) 『나 혼자 슬퍼하겠습니다』 '내 딸'에서 딸의 의전원 입학 취소에 대한 심정을 이렇게 밝혔다. "너의 십 년 노력이 물거품이 되었는데 회한과 미안함과 속상함으로 내 속은 썩어 문드러지는구나". 부정한 방법으로 얻은 의전원 합격을 끝까지 지키지 못한 것에 대한 분노와 회환이 드러난다. 부정입학했지만, 유급도 네 번이나 받는 등 어렵게 노력하여 학업을 마쳤으니, 눈 딱 감고 인정해달라는 것일까.

마지막으로 그렇다면 조민은 동양대 총장 표창장을 언제, 어디서, 누구한테 받았을까? 방학 직후, 집에서, 어머니로부터 받았다. 2020년 3월 30일 정경심 재판에 따르면, 방학이 끝난 어느 날 서울 방배동 집에서 어머니 정경심이 "총장님이 너 수고했다고 주는 거야"라고 하면서 조민에게 표창장을 건네주었다고 한다. 판결문으로 추정하면 조민이 외출한 사이 정경심이 집에서 만든 표창장으로 보인다.

8
2월생 조민의 바뀐 생일

    조민 관련 기사에는 수천 개의 댓글이 달렸다. 조국, 조민을 비난하는 글도 있지만 옹호하는 글도 있었다. 댓글 게시판은 진실과 허위, 해석과 음모로 진영 간 싸움으로 진흙탕이 되어가고 있었다. 찬찬히 댓글을 읽어보다 문득 이런 생각이 들었다. 조민이 학창 시절 인터넷에 글이나 메모 등을 남겼을지 모른다는 생각이 들었다. 비서관에게 한영외고, 고려대, 부산대 의전원 인터넷 커뮤니티에서 조민이 남겼을지도 모를 흔적을 찾아달라고 했다.

    '서울에서 김 서방 찾기'였지만 놀랍게도 비서관은 1시간도 되지 않아 찾아냈다. 한영외고 1학년 때 활동한 영어잡지부 인터넷 카페에서 카페지기가 회원들 생년월일을 정리한 글을 올렸는데 조민이 "내 생일은 2월 24일"이라고 직접 댓글을 단 것이었다. 게시물을 캡처했다.

    문제는 그다음이었다. 이 자료가 무슨 의미인지, 어디에 쓸 수 있는지 고민이었다. 평소 친분이 있던 〈조선비즈〉 김명지 기자에게 물었다. 김 기자는 깜짝 놀라며 "자료를 어디서 구했냐"고 되물었다. 알고 보니 김 기자도 조민 생일이 2월에서 9월로 바뀐 과정이 석연치 않아 취재 중이라고 했다. 세상은 좁고 인연은 오묘했다.

인사청문회 자료에 따르면, 조민은 23년 동안 2월생으로 살았다. 이 주민번호로 한영외고, 고려대, 서울대 환경대학원에 진학했다. 그러다 부산대 의전원 전형 중이던 2014년 법원의 허가를 받아 주민등록번호상 생년월일을 2월에서 9월로 바꿨다. 조국 인사청문회준비단은 "조국 딸의 실제 생년월일과 주민등록번호를 일치시키기 위한 것"이라고 해명했다.

믿기 어려웠다. 조민의 출생 신고일은 1991년 12월 2일이다. 해명대로라면 이날 신고자가 9월에 태어난 아이를 착각하여 2월생으로 신고했다는 건데 납득이 되지 않았다. 여름에 태어난 아이를 겨울에 태어난 아이로 착각할 부모는 없기 때문이다. 게다가 이 해명이 사실이라면 조민은 평소 주변 사람들에게 "실제 내 생일은 9월 ○○일이야"라고 말해야 정상이다. 하지만 조민은 한영외고 동기들에게 "내 생일은 2월 24일"이라고 말했다.

2019년 8월 22일 〈조선비즈〉는 '‘빠른 91년생’ 조국 딸, 의전원 지원한 해 주민번호 바꿔 생년월일 7개월 늦춰'라는 기사를 보도했다.

조민은 하지만 『오늘도 나아가는 중입니다』에서 자신의 생일이 거듭 9월생이라고 주장했다. 심지어 학교에서 "저는 9월생이에요"라고 설명해야 했다고 했다. 자신이 직접 고교 동기 인터넷 카페에 남긴 "내 생일은 2월 24일"이라는 댓글에 대해서는 어떠한 설명도 하지 않았다. 9월생이라고 말한 녹취는 없지만, 2월 24일생이라고 적은 글은 아직도 남아 있다. 그 글의 존재를 모르는 건지, 아니면 알면서도 모른 척하고 우기는 건지 모를 일이다.

그렇다면 조민의 주민번호 변경은 부산대 의전원 합격에 어떤 영향을 줬을까. 합리적 추정은 이렇다. 조민은 2014년 8월 13일 법원의 허가를 받아 주민등록번호상 생년월일을 바꾼다. 9월 30일 의전원 합격 발표를 48일 앞두고서다. 면접 등 2단계 전형이 7월 26일이므로 조민의 생일이 2월에서 9월로 바뀌면 전형 시점을 기준으로 1살이 어려진다. 자신의 나이를 1살이라도 어리게 하여 합격에 유리한 상황을 만들려고 했다는 추정이 가능하다.

조민은 이를 뒷받침하는 기록을 남겼다. 의전원 입시에서 나이가 중요하다고 강조한 것이다. 조민이 고려대 인터넷 커뮤니티 '고파스'에 올린 의전원 합격 수기에 따르면 "부산대는 나이, 자기소개서, 면접이 관건이다"라며 나이를 가장 앞세워 언급했다. 조민은 이어 서울대 의전원에 응시했다가 탈락한 적이 있는데 이때의 경험을 "1년 재수하면서 피눈물을 흘렸다"고 썼다. 생년월일을 바꿔서라도 기필코 합격하겠다는 동기가 뚜렷했던 셈이다. 정리하면 조민은 의전원에 재수하면서 1살 늘어난 나이에 부담을 느꼈고 이 때문에 25세가 아닌 24세로 주민등록번호상 생년월일을 바꿨다고 보는 게 ― 의전원 입시를 앞두고 우연히 원래 생년월일로 바꿨다고 보는 것보다 훨씬 설득력 있다. 조국에게 묻고 싶다. 만약 어느 학생이 서울대 법학전문대학원에 응시하기 위해 23년 동안 유지해 온 생년월일을 1살 어리게 바꾼다면 조국은, 정의로운 행동이라고 볼 것인가? 대한민국 모든 수험생이 시험을 앞두고 주민번호를 바꾸는 일은 정말 상상만 해도 어처구니가 없다.

9
조민을 중심으로 돌아가던 부산대 의전원

2019년 8월 22일 〈한국경제〉 1면에 "조국 딸 유급 위기 때 동기 전원 이례적 구제"라는 제목의 기사가 실렸다. 부산대 의전원 모 교수가 조민이 유급 위기에 처했을 때, 유급 대상 학생 전원을 구제한 적이 있다는 것이다. 기사에는 교수 인터뷰만 나와 있을 뿐 증거자료는 제시되지 않았다.

문득 열흘 전쯤 부산대에서 받은 자료가 떠올랐다. 의전원 유급 자료 파일을 열었다. 유급생 171명을 학번, 유급 학기를 기준으로 정리했다. 금세 증거를 찾았다. 조민과 동기인 15학번들은 신기하게도 2016년 1학기에 단 한 명도 유급이 없었다. 보통 학기 당 유급생이 꼭 몇 명은 나오는데 한 명도 없는 게 수상했다. 조민은 2015년 1학년 1학기와 2018년 3학년 2학기 두 번 유급을 받았다. 부산대 의전원 학사과에 전화했다. 이미 유급 받은 15학번 학생이 2016년 1학기에 또 유급 받으면 어떻게 돼요?

"1학년만 3년을 다니게 됩니다"

자세한 설명을 들으니 기가 막혔다. 2016년 1학기에 조민을 포함해 10명 안팎의 학생들이 유급 위기에 처했다. 그러나 교수회의를 열어 이들을 전원 구제했다는 것이다. 왜요? 교수들이 자체적으로 판단한 거라 왜 그랬는지는 모른다고 했다. 당시 회의에 참석한 교수가 누구인지 알려달라고 했지만 알 수 없다고 했다. 더 화가 나는 건 이 구제 과정이 합법적이어서 문제 삼기 어렵다는 것이었다. 정황상 조민한 사람을 구제하기 위해 누군가 주도하여 재시험도 없이 전원 구제해 준 것으로 보였다. 비난받아 마땅하다.

유급에서 구제된 조민은 2016년 1학기를 무사히 넘겼다. 하지만 성실한 학생이 아니었나 보다. 조민은 2학기에서 한 과목을 낙제하여 또 유급을 받았다. 하지만 당시 학칙이 바뀌면서 성적 미달로 유급 위기에 처한 학생에게 재시험 기회가 주어졌다. 만약 이때 재시험을 통과하지 못했다면 조민은 꼼짝없이 1학년만 3년을 다녀야 할 판이었다. 정리하면 조민은 2016년 1학기 유급에서는 그냥 구제되고, 2학기 유급에서는 재시험으로 구제된 것이다.

2학기 재시험 학칙은 누가 왜 만들었을까. 혹시 조민을 위해 만든 것일까. 공상과학 소설 같은 얘기지만 지금까지 일어난 일련의 일들을 보면 무리한 상상은 아니었다. 부산대 의전원이 조민 중심으로 돌아간다면 누가 믿겠는가.

부산대 지인에게 전화를 걸었다. 지인은 조민의 의전원 동기와 가까운 사이였다. 조민이 유급 받고 구제된 적이 있는데 당시 상황 좀 알아봐 주세요. 지인은 작은 목소리로 네, 하고 전화를 끊었다. 의전원 교수한테도 당시 상황을 확인하고 싶었지만 아무도 전화를 받지 않았다. 조교나 교직원에게 연락처를 남겨도 감감무소식이었다.

얼마 뒤 부산대 지인으로부터 연락이 왔다. 유급생이 전원 구제된 적이 있다고 했다. 조민과 함께 구제된 학생들은 어리둥절했다고 한다. 서로 말하지 않았지만 다들 조민 덕분에 구제된 걸로 짐작했다고 한다. 그러면서 의전원에는 조민 아버지 조국을 모르는 사람이 없다고 했다. 하긴 그럴 만했다.

2015년 조민이 처음 유급 받은 해의 일이다. 그해 11월 13일 간호대학원 강당에서 부산대 의전원 면접고사를 위한 예비소집이 있었다. 당시 입학위원장이었던 모 교수가 연단에 올라 "여러분도 이름만 대면 알 만한 분이 작년에 전화를 걸어, '우리 딸이 이번에 시험을 보는데 좋은 호텔이 있으면 추천해달라'고 했다. 여기가 그만큼 시골이다"라고 말했다. 이 자리에 있던 한 학생은 "나중에야 그게 조국 딸 조민이라는 걸 알았다"고 했다. 심지어 2016년 부산대에서 특강을 마친 정의화 전 국회의장에게 조민이 먼저 다가가 인사를 했다. 이 모습을 수백 명의 교수와 학생, 교직원이 봤다. 그러니 어찌 유명하지 않을 수 있나. 조민이 포함된 유급생 전원이 구제될 수 있던 이유를 추정할 수 있다.

한국경제 기자에게 연락해 자료를 주면서 설명했다. 부산대 교수가 워낙 자신 있게 제보해서 자료 없이 보도했는데 증거자료를 보내 줘 고맙다고 했다. 8월 23일 오후 〈한국경제〉는 '조국 딸, '유급생 전원 구제' 없었다면 3년째 1학년 다녔을 판'이라는 제목으로 보도됐다.

10
장학금 특혜 제공에 돌아온 부산의료원장 자리

부산의료원장은 부산시 산하기관으로 심사위원 공모를 거쳐 부산시장이 임명하는 자리다. 오거돈 부산시장이 재임 중이던 2019년 6월 조민에게 장학금을 챙겨줬던 노환중 교수가 부산의료원장으로 취임했다. 같은 해 8월 조민 장학금 비위 의혹이 터지자 조민에게 장학금을 지급한 노 교수가 과연 정상적인 방법으로 부산의료원장 취임한 건지 의심스러웠다. 그럴 만한 이유가 있었다.

의전원에 신입생이 들어오면 보통 랜덤으로 학생과 지도교수를 매칭시키는데 조민의 경우 노 교수가 조민을 콕, 찍어서 지도교수를 맡겠다고 자청했다. 처음에는 소문으로만 돌았다. 그러다 2019년 9월 4일 임현택 대한소아청소년과의사회장이 기자회견장에서 부산대병원 교수의 제보라며 이 소문이 사실이라고 밝혔다. 국정감사에서도 제기됐다. 부산대 총장이 노 교수가 조민을 찍어 지도교수가 된 게 맞다는 취지로 답변했다가 번복하기도 했다. 검찰은 이를 사실로 봤다.

2019년 12월 검찰의 공소장에 따르면, 노 교수는 2015년 3월 조민이 부산대 의전원에 입학하자 학과장에게 조민의 지도교수로 배정해달라고 요청했다고 적시했다.

노 교수의 부산의료원장 취임 과정을 검증하기로 했다. 2019년 8월 20일 부산시에 부산의료원장 채용 면접점수표 자료 제출을 요구했다. 노 교수가 부산의료원장으로 지원할 당시 조국은 인선과 감찰에 폭넓은 영향력을 행사할 수 있는 청와대 민정수석으로 근무 중이었고, 딸 조민은 노 교수로부터 내리 6번이나 장학금을 받은 이후였다. 딸에게 특혜를 준 노 교수에게 뭔가 보답해야 한다면 노 교수가 부산의료원장에 응모할 때가 적절한 시기일 거라는 생각이 들었다.

8월 23일 부산시로부터 자료가 왔다. 면접위원 7명이 후보자 3명을 심사했는데 위원 대부분이 노 교수에게 점수를 몰아준 것이 확인됐다. 한 위원은 1번 후보에게 75점, 2번 후보에게 70점을 주고, 3번 후보인 노 교수에게 92점을 줬다. 최고 22점 차이다. 면접위원 7명 중 6명이 이런 식으로 노 교수에게 점수를 몰아줬다. 노 교수가 받은 점수는 96, 95, 95, 96, 92, 98점. 나머지 후보는 완벽한 들러리였다.

면접위원이 누구인지 살펴봤다. 다수가 특정 정치 성향으로 분류할 수 있었다. 당시 부산시에는 더불어민주당 소속이 압도적으로 많았다. 오거돈 부산시장을 비롯해 부산시의회는 전체 47석 중 41석이 민주당 소속이었다. 여기서 면접위원 3명을 추천했다. 부산의료원에서 추천한 면접위원 4명 중 2명도 민주당측과 연관이 있었다. 한 면접위원의 아들은 당시 더불어민주당 소속 부산시의원이었고, 또 다른 면접위원은 법무법인에서 문재인 대통령과 함께 사건을 변호한 적이 있었다. 이 정도면 후보자가 면접위원에게 달려가 뺨을 때리지 않는 한 떨어지기 어려울 정도다.

다른 후보자는 이런 분위기를 눈치챘다. 노 교수와 경합했던 양산 부산대병원 모 교수는 "공모 마감이 이틀 정도 남았을 무렵 지역 유력 인사에게서 '부산의료원에서 알아봤는데 노 교수가 내정된 것 같다. 당신이 임명될 가능성은 없어 보인다'는 얘기를 들었다"고 했다. 세상에 비밀은 없다. 자기들끼리 어깨 두르고 쉬쉬하면 될 거 같지만 손가락 사이로 빠져나가는 모래를 막을 수 없다.

평소 친분이 있던 한송원 기자에게 연락했다. 2019년 8월 23일 〈TV조선〉은 '조국 딸 지도교수 의료원장 선발 때 '점수 몰아주기' 정황'이라는 제목으로 보도했다.

이 보도는 얼마 뒤 '조국 – 오거돈 – 노환중' 삼각관계 의혹으로 이어졌다. 검찰은 조국 민정수석이 오거돈 부산시장을 움직여 노환중 교수가 부산의료원장으로 임명되게 한 것으로 보고 오거돈 부산시장 집무실을 압수수색했다. 하지만 증거 불충분으로 관련 건은 기소되지 않았다.

조국은 이미 딸의 장학금 문제를 알고 있었다.

2019년 1월경 청와대 민정수석실에 '조국 민정수석님께 꼭 물어봐 주십시오'라는 제목의 투서가 들어왔다. 내용은 조국 수석과 노환중 교수와의 부정한 의혹에 대한 것이었다.

당시 노 교수는 양산부산대병원장이었는데 조만간 부산대병원장으로 임명될 거라는 소문이 파다했다. 투서는 노 교수가 조국 수석의 딸에게 특혜 장학금을 줬고, 만약 이런 상황에서 노 교수가 부산대병원장으로 가게 되면, 노 교수와 조국 수석 사이의 커넥션 의혹이 제기될 것이고 그러면 청와대가 부담스러워질 것이라고 했다. 투서는 정확히 조국을 겨냥했다. 아마도 조국은 이때 딸의 장학금 문제가 본인 거취와 문재인 정권에 부담이 될 수 있다는 걸 알았을 것이다.

투서는 나아가 노 교수가 부산대병원장 응모를 포기해야 향후 발생할 문제점을 방지할 수 있다며 대책까지 제시했다. 투서 때문인지 알수 없으나 노 교수는 결국 1월 부산대병원장 최종 후보자 2명에 들어가지 못했다. 나중에 알려진 바로는 만약 이때 노 교수가 부산대병원장 후보에 들어갔다면 부산대 의전원 학생들이 기자회견을 열었을 것이라고 한다(이게 더 나았을지도 모른다. 그랬다면 국회 검증도 피할 수 있었고, 자녀들의 입시부정 의혹도 들키지 않을 수 있었다).

이때가 2019년 1월이었다. 조국은 이때 내려놓아야 했다. 스스로 아주 냉정하게 자신과 가족의 과거 행적을 돌아보고, 기자회견에서 말한 '불철저'가 사회에서는 '불법'이라는 것을 인정하고 모든 것을 내려놓아야 했다. 조국은 그러지 않았다.

시간은 어떠한 의도나 분노 없이 흘렀다. 노 교수는 그해 6월 부산 의료원장으로 임명됐고, 8월 나는 조민 장학금 비위 의혹을 세상에 알렸다. 12월 조국은 자녀 입시부정 등 12개 혐의로 기소됐다. 역사에 가정이란 없다지만, 만약 조국이 1월에 받은 투서를 그냥 넘기지 않고 무겁게 받아들였다면 어떻게 됐을까. 우리는 어떤 세상에 살고 있을까.

11
법인카드로 들통난 거짓말

 〈한국일보〉 이현주 기자로부터 아침 일찍 전화가 왔다. 2015년 10월 7일 양산부산대병원에서 조국 모친의 그림 기증 행사가 열렸는데 이날 조국이 행사장에 잠시 다녀갔는지, 노환중 교수와 상당 시간을 함께 보냈는지 확인하고 싶다고 했다. 조민 장학금이 조국과 노 교수가 만난 다음 해부터 지급됐기 때문에 이날 만남을 구체적으로 확인할 필요가 있었다. 우선 현장 사진을 찾아봤다.

 양산부산대병원 페이스북에 떡하니 단체 기념사진이 올라와 있었다. 행사명은 '갤러리피누인' 제막식. 유심히 봤다. 조국과 노 교수가 손을 흔들고 있었고 행사장은 더할 나위 없이 좋은 분위기였다. 몇 명이지? 하나, 둘, 셋, 넷… 쉰네 명이다. 이 정도 인원은 휴대전화 카메라로 다 담을 수 없다. 전문 사진사가 **DSLR** 카메라로 찍은 거다. 사진 프레임 밖에는 수많은 직원이 지켜보고 있었을 것이다. 현수막을 배경으로 내빈들이 하얀 장갑을 끼고 테이프 커팅식도 했다. 행사를 위해 새로 구매한 소품일 것이다. 부산대병원에 행사 계획서와 사업비 집행내역 자료제출을 요구했다.

부산대가 전국적으로 주목 받기는 이때가 개교 이래 처음이었다. 슬슬 부담을 느꼈는지 처음과 달리 자료를 신속하게 제출하지 않았다. 상사 결재, 외부 출장, 자료 검토 등 이런저런 핑계를 대며 자료제출을 미뤘다. 하지만 법으로 국회의 자료제출 요구권이 보장돼 있기 때문에 자료제출을 늦출 수는 있어도 아예 거부할 수는 없다. 담당 직원에게 엄중하고 친절하게 말했다.

"만약 자료를 고의로 지연시키거나 조작 또는 임의로 훼손하면 「국회법」에 따라 고발할 수 있습니다."

다음날 자료가 왔다. 행사 계획서에는 제막식 17시, 주요내빈은 조국 모친과 조국 교수, 참석 대상은 전 직원으로 되어 있었다. 최종 결재권자로 노환중 병원장의 서명이 들어가 있었다. 그림 4점 기증 행사에 전 직원에게 참석하라고 하는 건 좀 지나쳐 보였다. 17시가 눈에 띄었다. 행사가 끝나면 18시쯤 될 것이고 참석자들은 자연스럽게 저녁 식사 자리로 이동할 것이기 때문이다. 그러나 부산대병원은 이미 언론을 통해 조국은 기증식 직후 저녁 식사 자리에 가지 않고 바로 공항으로 이동했다고 밝혔다.

거짓말이었다. 행사 계획서와 함께 받은 부산대병원 법인카드 내역에는 조국이 만찬에 참석한 것으로 나왔다. 물론 노 교수도 참석했다. 참석자들은 양산 시내 한 식당으로 이동해 1인당 약 4만 원짜리 코스

요리를 먹었다. 이날 조국과 노 교수 사이에 어떤 대화가 오고 갔는지 알 수 없다. 다만, 2015년 10월 당시 두 사람과 조민의 상황은 이랬다. 조국은 문재인 전 대통령이 대표이던 새정치민주연합 당혁신위원회 위원이었고, 노 교수는 (자청해서 맡은) 조민의 지도교수였다. 그리고 조민은 그해 1학기에 유급하고 학교를 쉬는 중이었다. 두 사람이 저녁 먹으며 조민 얘기는 쏙 빼고 덕담만 주고받았을 거라고 상상하는 게 더 어색했다.

자료를 정리해 이 기자에게 보냈다. 2019년 9월 2일 〈한국일보〉에 '조국, 노환중과 만찬도 가졌다… 부산대병원 수상한 거짓말'이라는 제목으로 보도됐다.

12
멘탈 중무장한 거짓 고소

2019년 9월 3일 오후 부산 지역 모 기자로부터 전화가 왔다. 곽상도 의원이 고소당했다고 했다. 그날 오전 조민이 경남 양산경찰서를 찾아가 '자신의 부산대 의전원 성적이 언론에 공개됐는데 이를 유출한 이를 찾아 처벌해달라'고 했다는 것이었다.

국회의정자료시스템을 통해 부산대 성적자료를 제출받은 나로서는 황당했다. 조민 성적을 처음 언급한 기사에서 자료 출처가 부산대라고 명확히 나와 있다. 그런데도 자료 유출을 의심하고 고소하다니 다른 꿍꿍이가 있나 싶었다. 다음날 더 황당한 얘기를 들었다. 2019년 9월 4일 〈일요신문〉이 보도한 '멘탈 중무장한 상태니 걱정 마세요'라는 제목의 기사에 따르면, 조민은 대학 진학 때 입시상담을 한 학원 관계자에게 다음과 같은 문자를 보냈다.

'제가 유급했고 1학년 1학기 학점을 (곽상도 의원실이) 정확히 알던데 그거 개인정보 불법유출이거든요. 저희 학교엔 이미 파다해요. 의원

이 와서 부산대 교수가 몰래 제 성적표 뽑아줬다구.'

황당하기 짝이 없었다. 우선 곽 의원은 부산에 내려간 적이 없다. 평일에는 늘 의원회관 사무실로 출근했고, 주말에는 지역구인 대구에 내려갔다. 거의 예외 없이 시계 톱니바퀴처럼 움직이는 일정이다. 반면, 나는 금요일 저녁마다 집이 있는 부산으로 내려갔다. 밀린 집안일 하기, 아이 돌보기 하느라 정신없이 바쁜 주말을 보내고 일요일 저녁 서울로 올라왔다. 국회로 찾아온 부산대 교수도 단 한 명도 없었다.

그런데 조민은 '부산대 의전원에 소문이 파다하다' '부산대 교수와 곽 의원이 만났다' '성적표를 몰래 뽑아줬다'고 했다. 조민은 도대체 무슨 근거로 이런 말을 하는 걸까. 고소의 결과는 뻔했다. 조민이 망신을 당하거나, 심하면 무고죄 등으로 벌금형을 받거나 둘 중 하나였다. 바다를 향해 달리는 강처럼 뻔했다.

하지만 부산대 처지는 달랐다. 조민의 고소 소식을 듣자 긴장했다. 그날 저녁 부산대 직원에게서 전화가 왔다. 직원 모두 태어나 한 번도 경찰 조사를 받아본 적이 없어 걱정이 이만저만 아니라고 했다. 적법하게 자료 제출했으니 전혀 걱정할 게 없다고 했지만, 직원의 미세하게 떨리는 목소리는 내 몸을 관통했다.

다음날 아침 부산대 학과장한테서도 전화가 왔다. "만약 우리 직원들이 곤경에 처한다면 꼭 도와줘야 한다"고 했다. 나는 돕게 되는 일이 없을 테니 걱정 말라고 했지만 믿지 않았다. 부산대 직원들은 매우 순박했다. 법을 전혀 위반하지 않았지만, 경찰 조사받는 상황 자체를 극도로 우려했다. 보통 사람들의 심정일 것이다.

직원 10여 명이 경찰 조사를 받았다. 일부는 양산경찰서에 가서 조서를 썼고, 일부는 부산대에서 조사를 받았다. 경찰은 부산대 전산실 직원과 서버도 조사했다. 금방이라도 무슨 일이 터질 것만 같았다. 기자들도 혹시 내가 음성적인 경로로 자료를 입수했으면 일이 엉뚱한 방향으로 흐를 수 있어 예의주시하고 있었다. 기자들이 자료 입수 경위를 물어볼 때마다 나는 국회의정자료시스템에서 부산대로 보낸 자료제출 요구서와 답변서 화면을 캡쳐해 보냈다. 양산경찰서에도 연락이 와 똑같은 자료를 보냈다.

결과는 싱거웠다. 얼마 뒤 경찰은 현재까지 적법하게 자료제출이 이뤄졌다고 발표했다. '현재까지'라는 단서를 붙여 뭔가 다른 경로가 있을 수 있다는 여지를 남겼지만, 이것도 오래가지 않았다. 조민이 고소를 취하했기 때문이다. 어느 날 피고소 진행 상황을 확인하기 위해 양산경찰서에 연락했다가 조민이 고소를 취하한 사실을 알게 됐다. 조민이 직접 찾아와 고소를 취하했다고 한다.

수사기관에 빨대가 있다고?

조국 사태 단독 기사가 많이 나가자 국회에서 이상한 소문이 돌기 시작했다. 내가 검찰, 경찰 등 수사기관에 속칭 빨대(정보원)가 있다는 소문이었다. 맹세코 없다. 의원님도 마찬가지다. 의원님이 외부에서 제공받은 소스가 있다면 나에게 전달해서 조사를 지시했겠지만 그런 일은 없었다. 국회 출입 기자들이 공유하는 지라시 정도는 받았다. 하지만 이는 국회 보좌관이면 누구나 받는 정보다.

단독 기사가 많았던 이유는, 아마도 단순한 생활방식 때문이었을 것이다. 당시 잠은 의원회관 9층 남성휴게실에서 자고 출근은 10층 사무실로 했다. 의도한 것은 아니지만 출퇴근 시간이 남들보다 극도로 짧아서 일에 몰입할 수 있었고, 집중력과 통찰력을 높이는 데 큰 도움이 된 것 같았다. 또 일일이 진행 상황을 점검하거나 개입하지 않고 보고할 때까지 믿고 기다려 주는 상사, 놀라울 정도로 기막힌 우연들, 위험을 무릅쓰고 용기를 내어준 제보자, 함께 퍼즐을 맞춰준 기자 그리고 멋진 팀워크를 보여준 선임비서관과 김동현 비서관, 김가영 비서관, 안정호 비서관 등 보좌직원들의 뛰어난 역량이 어우러진 덕분이다.

보좌관과 기자는 숙명적 공생관계

보좌관과 기자는 유사한 면이 많은 직업이다. 남들이 갈 수 없는 곳에 가까이 갈 수 있고, 역사적 현장을 지켜볼 수도 있다. 공익을 위해 주로 비리나 부패의 실체를 밝히는 데 관심이 많다. 사회의 감시견 (watch dog) 역할을 한다. 밤낮 없이 일하는 것도 닮았다. 하지만 수사권이 없어서 눈감고 코끼리 다리 만지듯 작은 퍼즐을 맞춰가며 큰 그림을 완성해야 한다. 혼자서 완성하기 어렵다.

기자와의 협업이 없었다면 조민의 장학금 비위 의혹은 세상에 알려지지 못했다. 이현주 기자의 촉과 보좌관의 신속한 자료확인이 조국 사태의 첫 포문을 열었다. 바로 다음날 미리 짜기라도 한 듯 〈동아일보〉가 조민의 가짜 제1저자 논문 의혹을 제기했다. 입시부정 의혹이 연이어 터지자 미지근하던 조국 의혹에 불이 붙기 시작했다. 수십 명에 불과하던 광화문광장에 100만 명이 모여 조국 사퇴 구호를 외쳤다.

조국이 사사로이 권력을 이용한 의혹을 밝히는 데도 기자들의 역할이 컸다. 이도경 기자가 청와대 민정수석실의 교육부 논문조사팀 관련 제보를 공유해 주지 않았다면, 논문조사팀의 황당하고 억울한 사정을 밝힐 수 없었다. 박원순 서울시장 시절 조원의 서울시 〈청소년참여위원회〉부정 합격 의혹 기사가 조국의 요청으로 삭제된 사실도 익명의 기자가 알려준 것이다. 이를 단서로 서울시에 자료요청을 해 조원의 허위 경력을 밝힐 수 있었다.

병원에서 우연히 마주친 기자는 아직도 고맙다. 기자는 자신이 어렵게 취재한 내용을 흔쾌히 나에게 공유해 줬다. 그 기자의 헌신이 아니었다면, 정경심의 가짜 병원 진단서나 사라진 병원 진료 기록 의혹 등을 세상에 알릴 수 없었다.

혼자 해낸 거는 거의 없다. 멋진 팀워크를 보여준 의원실 보좌직원들과 베테랑 기자들과의 협력 덕분에 조국 사태의 실체를 밝힐 수 있었다. 기자들과는 숙명적 공생관계였다고 생각한다. 덕분에 힘을 모아 86 운동권 세력과 강남 좌파의 '이중성'이 일상에서 어떻게 실현되는지 구체적으로 확인할 수 있었다. 겉으로는 공정사회를 외치면서, 자기들끼리는 온갖 불법행위로 우월적 지위를 차지하려는 탐욕스러운 좌파 카르텔의 몰락은 기자들의 열정으로 이루어진 것이다.

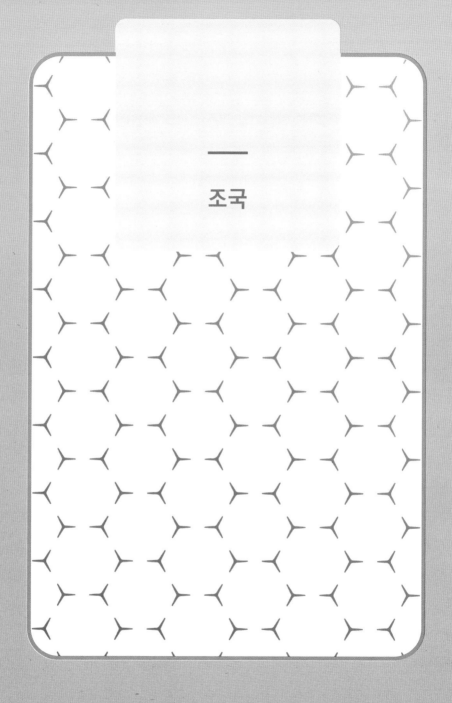

—

조국

13

일주일 급여 챙기려 허겁지겁 팩스로 보낸 서울대 복직신청서

국회의원 보좌관도 월급쟁이라 이메일로 오는 급여명세서를 설렘 반 두려움 반으로 열어본다. 그날은 여느 때와 달랐다. 오전에 통화한 〈동아일보〉 김수연 기자가 이메일로 조국의 서울대 월급이 궁금하다고 했다.

2019년 7월 26일까지 청와대 민정수석으로 근무한 조국은 팩스로 서울대에 복직신청서를 보냈다. 그로부터 엿새 후인 8월 1일 서울대 법학전문대학원 교수로 복직했고, 다시 아흐레 후인 8월 9일 문재인 대통령으로부터 법무부 장관으로 지명됐다. 청와대 퇴직 → 서울대 복직 → 법무부 장관 지명까지 보름도 채 걸리지 않았다. 조국은 청와대를 나오면서 이 과정을 예상했다. 왜냐면 이미 법무부 장관 인사청문회를 준비했기 때문이다. 청와대를 나오기 20여 일 전인 7월 7일 조국은 민주당 의원들에게 텔레그램을 보내 아들 조원의 한영외고 학교폭력 외압 의혹 등 자신과 가족을 둘러싼 의혹 3가지를 해명했다. 법무부 장관 인사청문회를 염두에 둔 해명이었다. 당시 야당은 장관으로 지명되지도 않았는데 벌써 김칫국부터 마신다고 비판 성명을 냈다. 어쨌거나 조국이 장관 인사청문회를 염두에 두지 않았다면 이런 해명을 할 필요가 없는 게 사실이다. 그렇다면 조국은 청와대를 나와 곧 장관 인사청문회를 준비해야 하니 서울대에서 강의나 연구를 할 수 없다는 걸 알았을 것이다. 그런데 왜 굳이 서울대에 복직신청을 했을까? 며칠 치 급여라도 받기 위해?

8월 19일 오후 서울대 급여 담당자에게 전화했다. 직원은 처음엔 개인정보라 알려줄 수 없다고 했다. 조국 교수와 근무연수가 같은 교직원의 평균 급여를 알려달라고 했다. 직원은 그것도 안 된다고 했다. 상사에게 전화했다. 국회법과 국회증감법(「국회에서의 증언·감정 등에 관한 법률」)에 따라 신속하게 자료제출할 것을 독촉했다.

오후 4시쯤 서울대로부터 연락이 왔다. 조국 교수와 같은 연차 직원의 8월 평균 급여는 845만 원. 언제 지급하느냐 물으니 '이미 지급했다'고 했다. 만약 장관으로 임명되어 다시 휴직하면 이미 지급한 한 달 치 급여에서 남는 날짜만큼 돌려받는다고 했다. 법적으로 문제는 아니지만 도덕적으로는 문제였다. 본인 SNS와 책, 강연, 기고 등을 통해 평소 정의와 상식을 워낙 강조했기 때문이다. 조만간 장관 지명될 게 뻔하고, 강의나 연구 활동을 전혀 못 하는 것이 자명한데도, 굳이 서울대에 복직하여 며칠 치 급여를 받아 챙기는 것은 ― 주요 사회 이슈마다 공자님 말씀으로 세상을 준엄하게 꾸짖는 사람치곤 ― 염치없고 작은 돈에 민감하다는 생각이 들었다. 정의롭지도, 상식적이지도 않았다.

그런데 혹시 강의 개설 준비나 연구 활동을 실제로 했다고 주장할 수도 있지 않을까? 서울대 학사과와 법학전문대학원 행정실에 조국 교수가 강의 개설 문의를 했는지, 연구실에 출근한 적이 있는지 물었다. 모두 아니었다.

8월 20일 〈동아일보〉 4면 '방학 중 복직한 조국, 강의 안 하고 월급 받아'라는 제목의 기사가 났다. 인터넷 기사에는 '욕심이 놀부보다 더하네'라는 댓글이 달렸다. 이 일을 계기로 교수들의 복직을 제한할 수 있도록 하는 개정안이 국회에서 발의됐다. 교수가 복직신청을 하면 무조건 받는 것이 아니라, 학교 운영에 상당한 지장을 초래할 우려가 있다고 판단되면 임용권자가 6개월 범위 내에서 복직을 유예할 수 있도록 하는 내용이다. 2019년 국정감사에서 오세정 서울대 총장은 조국의 복직신청에 대해 "강의도 못 하는 상황에서 그리해야 하느냐는 느낌은 있었다"고 말했다. 당시 유은혜 교육부 장관도 "복직하면서 급여 지급 문제 등이 국민 정서에 맞지 않게 된 점 안타깝다"면서 「교육공무원법」 등의 교수 휴·복직 규정 개정을 검토하겠다고 밝혔다. 2019년 10월 14일 조국은 여론에 밀려 35일 만에 법무부 장관을 불명예 퇴진했다. 역대 6번째로 짧은 임기를 보낸 장관이 됐다. 조국은 청와대 민정수석을 그만둘 때처럼 바로 다음날 서울대에 복직신청을 했다. 강의도, 연구도 못 하지만 다시 월급을 받아 갔다.

14
조국 부부의 자녀 학자금 보조수당

2019년 9월 2일 서울대에서 조국의 '자녀 학자금 지원 내역' 자료를 받았다. 8월 30일 요청한 자료다. 조국이 교직원 자녀에게 지원하는 학자금을 얼마나 받았는지 확인한 것이다. 예상대로다. 2013년부터 2017년까지 5년 동안 고려대에 다니는 조민이 2번, 미국 조지워싱턴대에 다니는 조원이 6번 이렇게 총 8번의 학자금 지원을 신청했다. 학자금 신청서류에는 조국 도장이 꾸욱 찍혀 있었다. 거의 해마다 도장을 새로 만든 것처럼 서류에 찍힌 도장 모양이 달랐다. 가족관계증명서, 등록금 납입증명서 등을 첨부해 대학본부에 제출해야 하므로 아마 본인이 직접 도장을 찍었을 것이다.

정경심 교수도 동양대에 자녀 학자금을 신청했을 거라는 생각이 들었다. 교수 부부가 한 자녀에 대해 양쪽 대학에서 학자금 지원을 받으면 규정 위반일 거라는 생각도 들었다. 자료제출을 요구했다. 당시 동양대는 국회의 자료제출 요구에 매우 협조적일 것 같지만, 실상 그 반대였다. 최성해 총장의 조민 표창장 위조 가능성 언급 이후 동양대는 외부와 소통을 단절했다.

9월 11일 당시 친여 성향의 일부 언론은 4년 전 교육부 감사를 통해 최성해 총장과 총장 동생이 벌금형을 받은 사실을 언급하면서 현재도 사학비리가 있을 수 있다는 뉘앙스로 보도했다. 친여 시민단체로부터 고발도 당했다. 교육부는 공개적으로 동양대 특별감사 카드를 만지작 거렸다. 불의에 맞선 대학 총장은 패기가 넘쳤지만, 동양대는 패색이 짙었다. 때문에 동양대는 교육부에 찍힐까 두려워 국회의 자료제출 요구에 비협조적이었다.

교육부는 교묘했다. 교육부에 동양대 자료를 독촉하면 "아유~ 보좌관님, 동양대에서 안 주는데 저희가 무슨 힘이 있습니까"라고 했다. 교육부는 이미 대학에 약을 쳐놓은 상태였다. 교육부가 동양내를 포함한 전국 사립대에 '국회의 자료제출 요구를 신중히 처리하라'는 취지의 공문을 하달했기 때문이다. 그것도 별도 공문으로 발송하지 않고 눈에 띄지 않게 국회의 자료제출 요구서 하단에 아래의 교육부 지침을 첨부했다.

국회에 자료제출 할 때 개인정보보호법에 저촉되지 않게 유의할 것!

얼핏 보면 원론적인 얘기 같다. 하지만 공문을 받은 대학 입장에서는 다르다. 교육부로부터 각종 평가를 받고 지원금과 사업비를 따내야 하는 대학 입장에서는 숨은 뜻을 적극적으로 파악해야 한다. 조국 사태 관련한 거의 모든 의혹이 부산대, 부산대병원, 서울대, 서울대병원, 동양대, 고려대, 공주대, 단국대 등에서 나왔다. 이 시점에서 교육부가 '유의하라'는 공문을 보내면 무슨 의미일까. 대학은 움찔할 수밖에 없다.

한 사람은 예외였다. 그 직원은 뭔가 말할 듯하면서도 말하지 않지만 그렇다고 전화를 끊지도 않았다. 9월 5일 그날은 달랐다. 낮은 목소리로 말했다. 보좌관님, 지금 학교 분위기가 안 좋아서 통화하기가 좀 그래요. 왜요?

"정경심 교수가 국회에 자료제출을 하지 말라고 했거든요."

바로 전화가 끊겼다. 다시 걸었지만 받지 않았다. 문자를 보내도 답이 없었다. 아, 정경심 교수도 자녀 학자금 받았구나! 꼭 자료를 받아내리라 마음먹었지만, 다음 주 추석 연휴가 예정되어 있어 마음이 조급했다. 추석 연휴 마지막 날 직원에게 추석 잘 보내셨는지요, 안부 문자를 보냈다. 네, 바로 답장이 왔다. 딱 한 글자지만 좋은 신호다.

다음날 직원에게 전화했다. 곧 자료 제출할 거 같아요, 라고 했다. 약간 건조한 톤이었지만 뭔가 우호적인 느낌이었다. 9월 17일 동양대에서 정경심 교수 자녀 학자금 지원 내역을 받았다. 2011~2013년까지 총 9번을 받았다. 이로써 조국 부부가 양쪽 대학에서 받은 자녀 학자금은 모두 17번이었다. 규정을 찾아봤다.

규정 위반은 아니었다. 조국은 서울대 소속 공무원이고, 정경심 교수는 동양대 소속 민간인이어서 적용되는 규정이 달랐고, 학자금 재원도 달랐다. 자녀 학자금 재원은 서울대는 국비고 동양대는 재학생이 납부하는 등록금 등이었다. 규정을 위반한 것은 아니지만, 언행불일치는 확실했다. 2012년 조국은 트위터에 "장학금 지급 기준을 성적이 아닌 경제 상태 중심으로 옮겨야 한다"며 경제적 약자를 위해 자기가 받을 수 있는 이익을 양보하자고 했다. 멋있었다. 훌륭한 외모만큼이나 훌륭한 마인드라고 사람들은 믿었다.

실상은 그 반대였다. 재산이 50억 원이 넘는 부부가 양쪽 학교에서 자녀 지원 학자금을 17번이나 챙겼다. 2013년 윤병세 당시 외교부장관의 딸이 장학금을 받았을 때 조국은 "이건 정말 아니다! 교수 월급 받는 나는 사립대 다니는 딸에게 장학생 신청을 하지 말라고 했는데"라고 비난했다. 이 논리대로라면 재력가 조국 부부는 자녀 장학금뿐만 아니라 자녀 지원 학자금도 신청하지 말아야 했다. 실상은 거꾸로다. 조민은 서울대 환경대학원에 장학금을 신청해서 받았고, 조국은 서울대에 자녀 지원 학자금을 신청해서 받았다. 조국은 자신이 말한 대로 행동하지 않으면서, 왜 남들 앞에서는 말과 행동이 일치하는 사람처럼 보이고 싶어 할까.

김형원 기자에게 자료를 보냈다. 2019년 9월 20일 〈조선일보〉에 '딸 장학금 이어 학자금 지원까지 챙긴 조국 부부'라는 제목으로 보도됐다.

15
조국의 이중 급여

2019년 9월 어느 날 김형원 기자에게서 전화가 왔다. 카카오톡으로 〈한국대학신문〉 8월 30일자 기사를 보냈으니 읽어보고 연락 달라고 했다. 2000년 조국이 울산대서 동국대로 이직했는데 이때 양쪽 대학에서 급여를 받았다는 것이었다.

역시 작은 돈에 민감하군, 이라고 생각할 겨를도 없이 이게 가능한가, 의문이 들었다. 상식적으로 프리랜서나 아르바이트가 아닌 회사원이 전 직장과 현 직장에서 월급을 이중으로 받는다는 건 불가능하다. 그런데 전임 교원인 조국은 어떻게 가능하지? 근무 기간이 겹치면 대학이 바로 알 텐데? 기자에게 전화를 걸었다. 근거자료 없이 대학 관계자 인터뷰만으로 기사가 작성되어서 그대로 보도하기 곤란하다며 자료로 확인 가능하냐고 물었다. 책상 귀퉁이에 있던 조국 인사청문회 자료를 펼쳤다.

울산대 1999.3.1.~2000.4.30.

동국대 2000.3.1.~2001.12.

정말로 울산대와 동국대에서의 근무 기간이 2000년 3월과 4월 겹쳤다. 시간 강사도 아닌 전임 교수가 두 달 동안 양쪽 대학을 오가며 수업했다는 건가. 대학이 이를 허용할 리가 없다. 청문회 자료를 수십 번 보고도 두 대학의 근무 기간이 겹치는 걸 몰랐다니. 자료를 더 꼼꼼히 살펴야 했다. 단서는 언제나 손을 흔들고 있다.

2019년 9월 20일 대학과 사학연금공단에 2000년 조국의 급여와 겸직 신고 내역 자료제출을 요구했다. 9월 24일 두 대학은 '당사자가 동의하지 않아 자료제출을 할 수 없다'고 회신했다. 사학연금공단도 마찬가지였다. 특이하게도 울산대는 당사자의 부동의(不動義) 과정을 상세히 정리해 제출했다. 9월 24일 12시 6분 울산대 회계담당자가 조국 법무부 장관 비서실에 전화해서 급여 관련 자료제공 동의를 문의했고, 14시 56분 비서실 직원이 회계담당자에게 동의하지 않는다고 연락해 왔다는 것이다. 정확히 2시간 50분 만에 회신했는데 매우 이례적으로 신속한 답변이다. 보통 며칠씩 걸리기 때문이다. 하지만 그날은 그럴 만했다.

공교롭게도 이날 오전 부인 정경심 관련 기사가 났다. 정경심이 동양대 직원들에게 수십 차례 전화를 걸어 회유 압박했다는 내용이다. 기사에 따르면, 정 교수가 대학 총장에 이어 총무과 직원들에게도 연락해 '총장 표창장이 정상 발급된 것이 확실하니 그렇게 말해달라'고 요청했다고 한다. 대학 자체 조사에서 표창장이 가짜라는 결론이 나왔는데도 계속 압박해 오자 직원들은 정 교수와의 통화 내용을 녹음했고 이를 수사기관이 입수해 분석 중이라고 했다. 당시 법무부 장관이었던 조국은 출근하자마자 이 기사를 봤을 것이다. 바로 이런 상황에서 울산대 교수 시절 급여 자료제출 동의 요청이 들어오니 상당히 언짢았을 것이다. 비서실에 지금 바로 부동의하세요, 아마 이렇지 않았을까. 이례적으로 신속한 답변에는 이유가 있을 것이다.

어쨌거나 나는 끈질기게 두 대학에 자료제출을 독촉했다. 개인정보가 아닌 법무부 장관 자질 검증을 위한 것이고, 2000년 급여 지급 사실 여부는 민감한 개인정보에 해당되지 않는다고 설득했지만 소용없었다. 결국 조국의 이중 급여 의혹은 확인할 수 없었다. 얼마 뒤 김 기자가 어떻게 되고 있는지 물어왔다. 대학이 자료제출을 거부해 확인할 수 없다고 했다. 자기도 방법을 찾아보겠다고 했다. 그리고 시간이 흘렀다.

한 달 정도 지난 어느 날, 동국대 법대 교수였다는 분에게서 전화가 왔다. 2000년 당시 조국 교수가 울산대에서 동국대로 이직한 과정을 자세히 안다고 했다. 서울대 법대 한인섭 교수가 자기 제자인 조국 교수를 서울대로 데리고 올 건데 교수회의에서 조국이 울산대에서 바로 오는 거를 반대하니, 동국대에서 몇 년만 받아달라고 했다는 것이다. 당시 법대 학장이 동국대는 연구하고 후학을 양성하는 곳이지 잠시 거쳐 가는 정류장이 아니라며 거절했다고 한다. 그러자 한인섭 교수의 제자 출신 교수들이 학장을 찾아가 조국을 받아주자고 요청했다는 것이다. 어쨌거나 조국은 학장의 반대로 동국대로 오기 쉽지 않은 상황이었다. 그런데 여기서 무리수를 둔다.

동국대 법대 교수임용심사평가에서 한인섭의 제자 교수들이 조국에게 점수를 몰아준 것이다. 당시 K가 논문 평가 등에서 가장 우수해 최고 점수를 받을 걸로 예상했지만 조국에게 점수를 몰아줘 K가 3위를 했다고 한다. 이 때문에 교수들 사이에서 심각한 갈등이 있었고 당시 이 일이 교내에서 유명했다고 했다.

결국 대학 총장이 학장의 결재를 건너뛰고 조국의 교수 채용을 승인해버렸다(조국은 실제로 한인섭 교수의 말대로 동국대에서 1년만 근무하고 서울대로 옮겼다). 당시에는 자기를 포함해 많은 교수들이 화가 많이 났지만 어쩔 도리가 없어서 그냥 잊고 넘어갔는데, 최근 조국과 관련해 상상을 초월한 불법·탈법·법 회피 등 부조리 의혹 세트가 터지는 걸 보면서 그때 일이 떠올라 제보한다고 했다. 제보 내용과 동기가 구체적이고 명확했다. 그러면서 제보자는 조국이 대학에서 급여를 이중으로 받았다고 했다.

귀를 쫑긋 세웠다. 제보자는 2000년 4월경 동국대 법대에 사학연금 공단에서 보낸 통지서가 왔다고 했다. 조국 교수의 급여가 동국대와 울산대에서 이중으로 공제되고 있으니 한쪽을 정리하라는 내용이었다. 당시 교수들은 '쪼잔하게 급여를 양쪽에서 받느냐'며 수군거렸다고 한다. 조국의 인사청문회 자료를 다시 펼쳤다. 2000년 3~4월 울산대와 동국대에서 동시에 근무했다는 경력만으로는 조국이 급여를 양쪽에서 받았을 거라고 의심은 가지만 직접 증거는 아니다. 증거가 필요하다.

사학연금공단 자료를 다시 살펴보다 이상한 점을 발견했다. 전산 시스템에는 조국이 울산대에서 2000년 2월까지 근무하고 3월부터는 동국대에서 근무한 것으로 나왔다. 조국의 근무 기간이 겹치지 않았다. 조국의 근무 기록이 어떻게 대학 자료와 사학연금공단 자료에서 다를 수 있나. 연금공단 직원에게 물었다. 직원은 오래된 자료라 알수 없다고 했다. 전산에 근무 기록을 수정한 흔적이 있는지 물었으나 그것도 알 수 없다고 했다. 난감했다.

문득 조민이 떠올랐다. 부산대에서 비실명으로 수백 명의 자료를 받고도 조민을 특정할 수 있었던 이유는 이름이 외자(민)라는 특징 때문이었다. 당시 부산대는 김○○, 박○○, 조○, 홍○○… 이런 식으로 제출했다. 조국도 마찬가지다. 비실명으로 2000년 법대 전체 교수 급여 내역을 받아보면 어떨까. 조○으로 제출할지 누가 알랴.

두 대학에 급여지출 내역을 비실명으로 요청했다. 울산대와 동국대는 입이라도 맞춘 듯 개인정보보호법에 저촉되는지 검토할 시간을 달라고 했다. 일주일 만에 자료가 왔다. 떨리는 마음으로 자료를 열었다.

대학은 내 기대와 달리 교수 이름을 성도 남기지 않고 모두 ○○○으로 제출했다. 실망하기에는 이르다. 자세히 살펴보니 두 자료는 기가 막히게 맞아떨어졌다. 울산대에서 2000년 4월 급여가 '중단'된 사람이 딱 한 명이었다. 동국대에서 2000년 3월부터 급여가 '시작'된 사람도 딱 한 명이었다. 이 자료와 조국의 경력증명서를 종합하면 2000년 3~4월에 급여를 양쪽에서 받은 사람은 조국 한 사람일 수밖에 없었다.

돌다리도 두들겨 보고 건너라고 했다. 두 대학에 혹시나 2000년에 급여를 반납한 사람이 있는지 문의했다. 없었다. 조국이 불가피한 사정이나 실수로 이중 급여를 받은 건 아닌 셈이다. 그랬다면 반납했을 테니까.

여기서 근원적인 의문이 들었다. 조국은 왜 양쪽에서 급여를 받았을까. 동국대 직원을 통해 그 이유를 추정할 수 있었다. 지금은 사라졌지만, 2000년 당시 동국대에는 신규 교원에게 2개월 동안 급여의 절반만 지급하는 규정이 있었다고 한다. 아마도 조국은 이 2개월 동안 급여를 절반만 받는 게 싫었나 보다. 그래서 울산대에 사임계를 내지 않고 양쪽에서 급여를 받은 게 아닌가 추정된다. 울산대 입장에서는 어이없게 두 달 치 급여를 조국에게 떼인 거나 다름없었다. 참고로 사립대 교수 급여는 대학생이 납부하는 등록금으로 마련된다. 조국이 2개월 동안 두 대학에서 받은 급여는 총 1,088만 원이었다. 지금도 꽤 큰 금액이다. 24년 전에는 더 큰 금액이었을 것이다.

규정 위반 여부도 살폈다. 「사립학교법」 55조 복무규정 위반이었다. 55조에 따르면 의료분야 소속 외 교수는 기관장의 허가를 받아

야만 겸직을 할 수 있다. 2018년 연세대학교 어느 교수가 '겸직 금지 위반' 혐의로 해임 처분되어 소송을 제기했으나 대법원에서 패소 확정판결 받은 사례가 있다. 법학 전공자인 조국이 만약 「사립학교법」 55조 규정을 알고도 양쪽에서 급여를 받은 것이라면 참으로 후안무치한 일이다.

자료를 정리해 김형원 기자에게 전달했다. 2019년 10월 26일 〈조선일보〉에 '조국, 울산대·동국대서 이중으로 월급 받았다'라는 제목으로 보도됐다.

2000년 제자 조국을 각별하게 챙겼던 한인섭 교수는 21년 후 조국과 관련해 재판정에 증인으로 서게 된다. 2020년 5월 한 교수는 정경심 재판에서 조국 자녀의 서울대 공익인권법센터 인턴증명서 발급에 관여한 의혹으로 증인으로 소환됐으나 출석을 거부해 과태료 500만원을 부과받았다.

한 교수는 이후 7월 2일 재판에는 출석했다. 한 교수는 그러나 '증언거부권'을 행사했다. 검찰은 공소시효가 지나 문제가 안 되고 형사 입건 대상도 아니라고 했지만, 한 교수는 입장을 바꾸지 않았다. 그러나 정경심 변호인측이 한 교수의 검찰 진술조서 증거 채택에 동의하면서 상황이 달라졌다. 애초 한 교수가 증인으로 채택된 이유는 정경심측이 한 교수의 검찰 진술조서를 증거로 동의하지 않았기 때문인데, 이날 입장을 바꿔 증거로 동의하면서 한 교수는 40여 분 만에 증언 없이 귀가할 수 있었다. 5월에 부과된 과태료 500만 원에 대해서는 한 교수가 이의신청을 하지 않아 확정됐다.

법정에서 진실 대신 증언거부를 선택한 한 교수가 정작 서울대 법대생에게 가르친 과목은 다름 아닌 '법조윤리'(전공 필수)다. 심지어 전공 교재『법조윤리』(박영사)의 대표 집필자이기도 하다. 교재 머리말에 "법조윤리는 혼자 주장하는 것이 아니라, 함께 실천하는 실천윤리다"라고 썼다. 참, 아이러니하지 않을 수 없다.

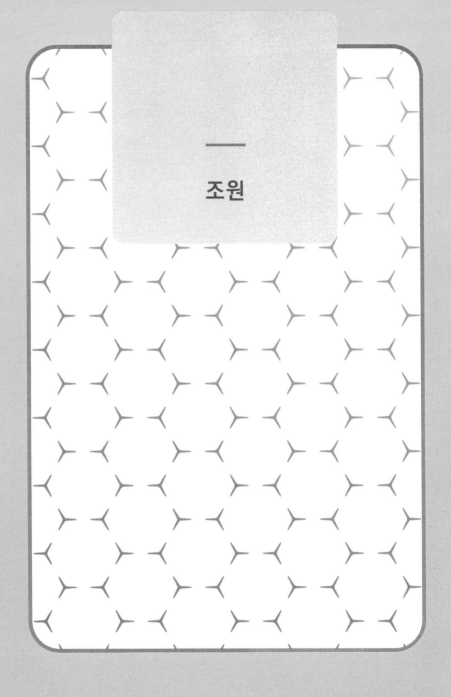

一

조원

16
조원의 서울시 청소년참여위원회

조민의 가짜 증명서 의혹은 동생 조원으로 이어진다. 나경원 원내
대표실로부터 연락이 왔다. 조원이 '서울시 청소년참여위원회'에 참
여하면서 실제 활동은 하지 않고 증명서만 받아 갔다고 하니 확인해
달라고 했다. 여기저기 전화를 돌려보니 마침 〈세계일보〉 곽은산 기
자가 취재 중이었다.

2019년 8월 20일 서울시에 자료 제출을 요구했다. 일주일 뒤 자료
를 받았는데 특별히 문제 될 게 없어보였다. 그러다 우연히 당시 상황
을 잘 아는 취재원을 만났다. 〈연합뉴스〉 출신 기자였다. 그는 2013년
쯤 후배 기자가 제보와 비슷한 내용의 기사를 썼는데 조국이 회사에
요청해 기사가 내려갔다고 했다. 〈연합뉴스〉는 통신사이기 때문에 지
면이 아닌 인터넷으로만 기사가 나간다. 당시 삭제된 기사가 〈연합뉴
스〉 서버에 저장돼 있을 테니 찾아달라고 했으나, 현직이면 찾아보겠
지만 지금 퇴사한 상태고 후배한테 부담을 줄 수 없다고 했다. 거듭

부탁드린다고 했지만 냉정하게, 이건 이 보좌관이 해결해야 할 문제에요, 라고 했다.

서울시에 전화했다. 평생교육국 청소년정책과 담당 직원은 단단한 느낌이었다. 짧은 통화 속에서 자기 업무에 대한 자긍심이 드러났다. '정확히' 자료를 요구하면 '정확히' 제출할 것 같았다. 혹시나 자료 제출을 거부하거나 자료를 숨기면 어쩌나 걱정했으나 이런 스타일의 공무원은 외압에 흔들리지 않고 규정과 원칙대로 일을 처리한다는 걸 오랜 국회 경험을 통해 안다. 자료제출 요구서가 서너 번 오갔고 마지막 자료에서 제보 내용을 확인할 수 있었다. 의혹은 사실이었다.

조원은 한영외고 3학년이던 2013년 3월부터 2014년 1월까지 '서울시 청소년참여위원회' 위원으로 활동했다. 박원순 전 서울시장 재임 기간이었다. 제보 내용대로 조원은 제대로 활동하지 않고 증명서를 받아 갔다. 총 19차례 회의 중 4차례만 참석했다. 규정에 따르면 5차례 이상 회의에 불참하면 해촉 대상이지만 15차례 불참한 조원은 해촉되지 않았다. 심지어 대리 출석한 정황도 있었다. 회의에 참석하면 출석부에 자필 서명하도록 돼 있는데 필체를 비교하니 모두 달랐다. 조원은 위원회 활동 기간 내내 아예 오지 않다가 회의 마지막 날만 참석한 것 같았다. 회의 마지막 날 박원순 서울시장 명의의 '서울시 청소년참여위원회' 경력증명서를 받아 갔기 때문이다.

자료를 정리해 곽 기자에게 보냈다. 2019년 8월 27일 〈세계일보〉는

'조국 아들도 '서울시 청소년위원' 특혜 논란'이라는 제목으로 보도했다.

자료는 거짓말을 하지 않는다. 서울시 자료를 보다 보니 조원이 불성실하게 참여했을 뿐만 아니라 '서울시 청소년참여위원회'에 아예 부정 합격한 게 아닐까, 라는 의심이 들었다. 누나 조민의 가짜 경력 증명서와 패턴이 유사하기 때문이었다. 일관성 있고 반복적인 패턴 말이다. 서울시에 추가 자료제출을 요구했다.

의심은 적중했다. 조원은 '서울시 청소년참여위원회' 모집 당시 1차에서 탈락했다. 응시자 71명 중 26명이 서류전형에서 탈락했는데 이 중 한 명이었다. 그러나 열흘 뒤 추가 모집 공고가 떴다. 지원자 4명 중 3명이 면접을 봤고 조원을 포함해 전원이 합격했다. 이때 추가 모집 인원이 'ㅇ명'이었는데 조원을 합격시키기 위해 추가 모집 인원을 구체적으로 밝히지 않은 것처럼 보였다. 전년도인 2012년에는 추가 모집 인원을 '3명'으로 명확히 밝혔기 때문이다. 사실이라면 교묘한 부정행위다. 누가, 왜 추가 모집을 지시했는지, 추가 모집 인원을 왜 구체적으로 밝히지 않았는지 알아보다가, 구토가 나올 뻔했다.

"글쎄 모르겠는데요, ○○에게 물어보세요"

서울시 직원들은 실컷 설명을 다 듣고 난 후 약속이나 한 듯 짧게 똑같이 말했다. 그렇게 대여섯 번쯤 뺑뺑이 돌고 나니 구토가 나올 지경이었다. 6년 전 일인데다 담당자도 많이 바뀌어 더 이상의 조사는 무리였다.

일단 자료로 확인된 것만 김형원 기자에게 보냈다. 2019년 8월 28일 〈조선일보〉는 '조국 아들, 서울시 청소년※ 탈락하고도 10여 일 만에 극소수 추가 모집으로 합격'이라는 제목으로 보도했다.

조원은 왜 서울시 경력이 필요했을까? 조원은 2014년 1월 서울시 청소년참여위원회 경력증명서를 받은 직후 2월 한영외고를 졸업했다. 그리고 같은 해 9월 미국 조지워싱턴대학으로 진학했다. 단순하게 생각하면 미국 대학에 입시전형 자료로 제출하기 위해 서울시 경력증명서가 필요했던 것처럼 보인다. 다시 서울시에 조원이 6년 전 영문 경력증명서를 받아 간 적이 있는지 문의했지만 오래전 일이라 알 수 없다고 답했다. 왠지 서울시가 불성실한 참여자에게 영문 경력증명서까지 발급해 줬을 거 같지는 않다. 만약 조지워싱턴대학에 서울시 영문 증명서가 제출됐다면 지금까지 재판 결과로 봤을 때 진위 여부를 확인해 볼 필요가 있다.

그러면 과연 조원의 서울시 경력증명서 뒤에는 누가 있었을까? 당연히 윗선을 의심하지 않을 수 없다. 조국은 『디케의 눈물』에서 2011년 서울시장 재보궐선거에서 박원순 후보의 멘토였다고 스스로 밝혔다. 당시 투표율을 올리기 위해 조국은 자신의 트위터에 "허걱! 투표율 50퍼센트 넘기면 〈나꼼수〉팀이 저에게 망사스타킹 신기겠다고 일방 발표. 이제부터 투표불참 운동 벌여야 하나요??"라는 글을 올려 수백 건의 댓글을 이끌어 냈고, 박 후보의 당선이 확정되자 "Queen의 'We are the champions'를 모두에게 바친다"는 글을 올리기도 했다.

〈일요시사〉는 2011년 11월 2일 '박원순 승리에 힘 보태며 주목받는 '멘토단''이라는 제목의 기사에서 박원순 서울시장 승리의 주역에 멘토단의 큰 역할이 있었다면서 조국의 활동을 비중 있게 보도했다. 그리고 우연의 일치인지 3년 뒤 조국 아들은 제대로 참여도 하지 않은 서울시 청소년참여위원회(출석율 21.0%)에서 박원순 서울시장 명의의 경력증명서를 받아 갔다.

17
인턴'예정'증명서

조원의 인턴'예정'증명서는 우연히 알게 됐다. 서울대 법학연구소 공익인권법센터 직원과 통화하고 있을 때였다. 담당 직원은 국회에서 쏟아지는 각종 자료제출 요구와 기자들의 취재 등쌀에 지쳐 있었다. 자료 때문에 연락하면 휴대전화 너머로 담배 연기 내뿜는 소리가 들리곤 했다. 위로가 필요해 보였다. "요즘 일이 너무 많으시죠?" "식사는 제때 하세요?" 의례적인 안부 인사였지만 직원은 반갑게 맞아주었다. 10원 하나 보태주지 못해도 말은 편하게 건네줄 수 있다.

그렇게 한동안 전화가 오갔다. 어느 날 내가 좀 편하게 느껴졌는지 직원은 대뜸 신세 한탄을 했다. 자기는 원래 서울대학병원에서 근무했다고 한다. 거기서 오래 근무하면 심신 충전 겸 배려 차원에서 서울대 공익인권법센터 같은 데로 온다고 했다. 다른 곳에 비해 비교적 업무량도 많지 않고 조용하기 때문이다. 그런데 하필 자기가 오고 나서 이게 무슨 난리인지 모르겠다고 했다. 나도 맞장구쳤다. 원래는 나도 집에서 다녔는데 지금은 국회서 먹고 잔다며 이게 무슨 난리인지 모르겠다고 했다. 둘은 웃었다.

"근데 또 무슨 자료가 있어요?" 물었다. 직원은 망설이지 않고 "인턴증명서, 인턴예정증명서… 등등이 있다"고 했다. 인턴예정증명서 다음부터는 들리지 않았다. 어떠한 정보나 단서 없이 그냥 던진 질문이었다. 피감기관에 어떤 문서가 존재하는지 알면 자료제출 요구할 때 매우 유용하다. 그런데 우연히 월척이 걸렸다. 세상에 인턴'예정' 증명서라는 것도 있나, 싶었다. 도중에 말을 자르면 직원이 경계할까봐 자르지 않고 끝까지 다 들었다. 나는 침착하고 명확하게 "음… 그러면 이것저것하고 인턴예정증명서 주세요"라고 했다.

직원은 콜록콜록 기침을 했다. 담배 연기가 목에 걸린 것 같았다. 나는 재빨리 '국회의정자료시스템'을 통해 공식적으로 자료제출 요구서를 보냈다. 이렇게 하여 받은 자료가 바로 조원의 '인턴십 활동 예정 증명서'다. 자료를 명확하게 콕, 찍어서 요구해서 그런지 서울대는 며칠 만에 자료를 제출했다.

직원에게 다시 연락했다. '인턴예정증명서'가 발급된 경우는 조원이 유일하고, 2006년부터 2019년까지 발급된 증명서 28장 중 조원 증명서만 양식이 다르다고 했다. 누가 발급해줬느냐 물으니 모른다고 했다. 직원은 술술 얘기했다. 어디서 자료를 찾았느냐 물으니 컴퓨터 폴더에서 찾았다고 했다. 예정증명서라는 게 원래 있는 건지 물었다. 그는 "모올라~ 나도 태어나서 예정증명서라는 건 처음 봐"라고 했다.

후~ 담배 연기 내뿜는 소리가 들렸다. 나만 처음 보는 게 아니었다.

고등학교 후배인 이지훈 기자에게 연락했다. 2019년 9월 7일 〈동아일보〉 2면에 '조국 아들, 서울대 인턴 하기도 전에 '예정증명서' 받아'라는 제목으로 보도됐다. 기사가 나가자 인터넷에서 크게 화제가 됐다. 증명서 가운데 '예정'증명서가 있다는 게 신기했나 보다. 기사에 '결혼예정증명서! 서울대입학예정증명서! 수석합격예정증명서! 졸업예정증명서! 법무부 장관예정증명서! 교수예정증명서!'라며 우회적으로 비판하는 댓글이 달렸다.

인턴예정증명서는 공익인권법센터 직원이 말하지 않았으면 존재조차 알 수 없는 자료다. 어쩌다가 본인도 모르게 말한 것인지, 아니면 어디에 말하고 싶었는데 마침 내가 물어봐서 말한 건지 알 수 없다. 피감기관에 자료제출을 요구하다 보면 어떤 문서가 있는지 다 알수 없어 광범위하게 요구하는 경우가 종종 있다. 어쨌든 직원 덕분에 크게 수고를 덜었다.

서울대는 얼마 뒤 '허위 증명서 발급 방지대책'을 발표했다. 각종 증명서 발급·관리를 위한 전산화 시스템을 구축하고 대학본부, 단과대별, 학과별로 수십 가지가 되는 증명서 양식을 표준화, 규격화하겠다고 밝혔다. 이와 함께 이를 위반할 경우 민형사상 처벌 및 서울대 징계위원회를 열어 징계하는 방안도 검토하겠다고 밝혔다. 조국 사태는 사회 구석구석에 변화를 가져왔다.

그럼에도 이틀 뒤인 9월 9일 문재인 대통령은 "의혹만으로 임명하지 않는다면 나쁜 선례가 될 것"이라며 조국 후보자를 법무부 장관으로 임명했다.

대통령의 조국 법무부 장관 임명은 좋은 선례일까?

당시 문재인 대통령은 조국 사태의 본질을 꿰뚫어 보지 못했다. 조국의 법무부 장관 임명은 좋은 선례, 나쁜 선례의 문제가 아니다. 문정권에서 차지하는 조국 민정수석의 상징성과 10년 가까이 폴리페서로 활동하며 쌓은 영향력 등을 고려하면 조국의 법무부 장관 임명은, 앞으로 뭐가 더 나올지 알 수 없는 조국의 비위 혐의에 '정권의 명운'을 거는 불운한 선택이었다.

국가지도자는 국정운영의 리스크를 줄이고 다음 과제를 준비하고 예측할 수 있는 범위에서 국정을 운영해야 한다. 당시 조국 사태는 추가적인 비위 혐의가 드러날 가능성이 매우 높았고, 특히 대학 입시부정이라는 국민 정서의 역린(逆鱗)을 건드렸는데도, 이를 감싸 안으며 민심 이반에 불을 지폈다. 국정운영의 동력이 조국 사태 수습에 빨려 들어가는 상황을 만든 것이다.

실제로 조국은 법무부 장관 임명 이후에도 추가 혐의가 드러났고, 그럴 때마다 '조국의 운명'과 '정권의 명운'이 동일시되는 콘크리트 경화 현상이 나타났다. 추미애 법무부 장관이 윤석열 검찰총장을 징계하고, 내쫓으면서 콘크리트는 더 커지고 더 단단해졌다. 조국 사태와 문재인 대통령의 잘못된 판단은 좌파 카르텔 결속에는 효과가 있었지만 곧 한계에 부닥쳤다. 극렬 지지층을 제외하고 좌파 진영이 와해되기 시작했다. 문재인의 조국이 아니라, 조국의 문재인이 되어버렸다.

그레이엄 앨리슨 전 하버드대 교수는 '합리적 행위자' 모델로 유명하다. 정부는 자신의 이익을 추구하는 개인처럼 행동하지 않는다는 것이다. 앨리슨은 책 『결정의 본질(Essence of Decision)』에서 정부의 의사결정 과정을 ▲정부의 목표 ▲조직의 관여 ▲의사결정 주체 세 가지 모델로 설명했다.

문 정권의 목표는 명확했다. 조국을 장관으로 임명해서 '검찰개혁'을 하겠다는 것이다. 하지만 본인과 가족의 비위 혐의가 드러나면서 조국은 검찰개혁은커녕 검찰의 수사 대상이 되었고 목표는 좌절됐다. 목표에 집착한 집도의가 수술 도구를 잘못 고른 것이다. 목표 수단의 실패다.

문재인 대통령실은 86 운동권 세대가 주축이었다. 임종석 비서실장, 한병도 정무수석, 윤건영 국정상황실장, 송인배 제1부속실장, 유송화 제2부속실장, 백원우 민정비서관 등 대통령실 요직은 86 운동권 차지였다. 이들은 조국을 자신의 대리인으로 추앙했다. 한솥밥 먹으며 밀어주고 당겨줘야 하는 '운동권 카르텔'에게 조국은 거의 완벽한 대리인이었다. 출중한 외모와 엘리트 코스, 서울대 교수 출신이라는 후광효과는 '좌파 운동권'의 이익을 거부감 없이 나이스하게 대변할 수 있는 대체 불가능한 존재였다. 그런 그들이 인사권자의 의사결정에 관여했다. 조직 관여의 실패다.

　문재인 대통령은 조국 임명 강행 이유를 명확히 밝히지 않았다. 2020년 1월 14일 신년 기자회견에서 '조 장관의 임명을 밀어붙인 이유가 무엇이냐'는 기자의 질문에 "아주 크게 마음에 빚을 졌다"는 말로 눙쳤다. 여러 이유가 있으며, 사적인 이유도 포함됐다는 의미로 보인다. 두 사람의 인연은 조국의 책『진보집권플랜』에서 시작됐다고 한다. 2010년 대선 출마 요청을 받던 당시 문재인 변호사는 이 책을 읽고 조국에게 편지를 쓰면서 가까워졌다고 한다. 문 대통령은 이즈음 조국의 법무부 장관을 염두에 둔 듯하다. 얼마 뒤인 2011년 12월 7일 문재인은 자신의 책『운명』북콘서트에서 사회를 맡은 조국으로부터 (법무부 장관으로) 누구를 임명할 것입니까, 라는 질문을 받았다.

　"여러분, 우리 조국 교수, 법무부 장관으로 어떻습니까?"

　문 대통령은 여기에 농담이 아니다, 라는 말까지 덧붙였다. 8년 뒤 문 대통령은 조국을 법무부 장관으로 임명했다. 오래전부터 공개적으로 밝혀 온 조국의 장관 임명을 의사결정 주체로서 번복하기 어려웠을지 모른다. 다만, 문 대통령은 여러 경로를 통해 조국에 대한 비위 혐의가 심각하다는 보고를 받았을 텐데 이것을 납작하게 누르고 임명을 강행한 이유가 무엇인지 여전히 의문이다. 여러 시나리오가 난무했다. 핵심은 크게 두 가지다. 대통령이 정말 비위 심각성이 경미하다고 믿었거나, 아니면 비위 심각성을 알았지만 어쩔 수 없었거나. 전자면 참모를 잘못 둔 대통령의 잘못이고, 후자면 그런 상황을 만든 대통령의 잘못이다. 대통령이라는 자리는 모든 책임의 종착점(The bucks stops here)이기 때문이다. 의사결정 주체의 실패다.

물론 조국의 책임도 있다. 무섭고도 명백한 사실은 조국은 자신의 임명 과정에서 일어난 논란을 잘 알면서도 사퇴하지 않고 지켜보기만 했다는 점이다. 당시 임종석 비서실장은 그날을 이렇게 말했다. 조전 장관에게 전화를 걸었는데, "한 달이고 두 달이고 검찰개혁을 포함한 사법개혁 방안만 발표하면 제 발로 나오겠다고 했어요. 전혀 설득이 안 됐어요. 결국 그 다음날 임명 발표가 났죠."('박주연의 색다른 인터뷰' 2023년 12월 13일, 〈경향신문〉) 조국 스스로 무엇이 옳은 결정인지 모르지 않았을 것이다. 하지만 충심으로 대통령에게 제언할 용기는 없었다. 왜? 비위 혐의의 진실을 아는 당사자로서 내심 법무부 장관이 된다면 이 난국을 헤쳐 나갈 수 있을 거라는 실낱같은 희망을 가졌기 때문이었을 것이다. 그에게 정권 실패나 국론분열은 나중의 문제였다.

그런데도 조국은 상황을 냉정하게 돌아보기는커녕 정권 실패와 자신의 재판이 윤석열 검찰총장의 배신 탓이라고 주장한다. 조국은 『디케의 눈물』에서 윤 총장이 '배신의 칼'을 품은 시점이 처음 검찰총장에 임명됐을 때부터라고 노영민 전 대통령 비서실장의 입을 빌려 말했다. 윤 총장이 검찰개혁을 막기 위해 처음부터 자신을 배신할 마음을 품었고 그 칼에 희생됐다는 것이다.

검찰이 검찰개혁을 막기 위해 없는 범죄 혐의를 만들어 덮어씌웠다는 식의 주장은 조국 의혹을 취재한 수많은 언론과 조국의 치부를 알려준 수많은 제보자를 모욕하는 것이다. 서울대, 고려대, 부산대 등 전국 대학생들이 무슨 심정으로 광장에 모여 입시공정, 조국STOP을 외쳤을까. 조민과 조원 때문에 억울하게 의전원, 대학원에 가지 못한 학생과 학부모의 심정은 어떻겠나. 이 사람들이 조국에게 없는 죄를 덮어씌워 검찰개혁을 막으려 했다는 건가. 하늘 높이서 보되, 있는 그대로 봐야 한다.

문재인 정권이 무너진 이유는, 검찰개혁이라는 과업을 하필이면 조국에게 맡겼기 때문이다. 만약 조국이 아닌 다른 사람에게 검찰개혁을 맡겼다면, 조국의 운명과 정권의 명운이 동일시되는 상황까지 가지 않았을 것이다. 조국이 아니면 검찰개혁을 맡길 사람이 없었다고? 그렇다면 냉정하게 판단해야 한다. 검찰개혁을 맡길 사람이 나타날 때까지 기다려야 했다. 아니면 절반의 검찰개혁을 목표로 다른 사람을 임명했어야 했다. 국정운영은 현실이다. 이상이나 꿈 따위에 기대서는 안 된다.

댐은 이유 없이 무너지지 않는다. 작은 균열이 생기면 즉시 수습해야 한다. 문 정권은 오판했다. 작은 균열을 보수할 생각을 하지 않고, 균열을 지적하는 사람을 내쫓았다. 결국 작은 균열은 번개처럼 촘촘히 가지를 치며 댐 전체로 퍼져나갔다.

18
조원의 법무법인 가짜 경력증명서

　미국 조지워싱턴대에서 유학한 조원은 한국으로 돌아와 대학원 진학을 시도했다. 2017년 4월 조원은 연세대 등 대학원에 지원했지만 모두 떨어졌다. 곧 군대에 가야 할 처지였다. 조원이 대학원 진학에 실패하고 한 달 뒤인 5월 11일 아버지 조국은 청와대 민정수석으로 임명됐다.

　다시 5개월 뒤인 10월 17일 조원은 연세대 대학원에 재도전한다. 이날 조원은 4월에 제출하지 않은 서류를 가지고 있었다. 과거 재산상속분쟁 사건에서 어머니 정경심을 대리했던 최강욱 변호사로부터 법무법인 인턴 경력증명서를 받은 것이다. 조원은 이 증명서를 연세대와 고려대 대학원 입시 서류로 제출했다. 모두 합격하면서 군대를 연기했다.

　조원에게 인턴증명서를 발급해 준 최강욱 변호사는 11개월 뒤인 2018년 9월 청와대 민정수석실 공직기강비서관으로 채용됐다. 1개월 뒤 조원은 충북대 법학전문대학원에 지원했다. 조원은 이때도 최강욱 변호사 명의의 법무법인 인턴증명서를 입시 서류로 제출했다.

조국이 민정수석으로 근무한 지 1년 5개월 사이에 일어난 일이다.

실제 일어난 일을 시간순으로 나열했지만, 이 시간을 쪼개어 살펴보면 엄청난 부정행위를 당사자들끼리 아무렇지도 않게 모의하고 실행했음을 알 수 있다. 아들 조원이 연세대 대학원에 서류를 제출하기 하루 전인 2017년 10월 16일 오후 1시 50분 정경심은 최 변호사에게 전화를 걸었고, 오후 11시 53분 정경심은 최 변호사에게 이메일을 보냈다. 다음날인 17일 둘은 휴대전화 문자를 주고받았다.

새벽 2시 5분 '준비해놓았으니 오후 2시경 찾아가세요'

오후 3시 30분 '최 변호사님, 서류 잘 받았습니다. 감사합니다'

오후 8시 33분 '예 형수님, 그 서류로 조원이가 합격하는 데 도움이 되면 참 좋겠습니다'

오후 8시 39분 '예, 그 서류는 연고대를 위한 건데 어쩜 좋을지. 조원이 진로에 고민이 많네요'

문자 내용으로 추측건대 아마도 16일 통화에서 정경심이 최 변호사에게 아들의 대학원 입시 서류 제출을 위한 인턴증명서 발급을 요청했고, 최 변호사는 원하는 경력 내용을 이메일로 알려주면 증명서를 만들어 주겠다는 취지의 대화를 한 것으로 보인다.

그리고 얼마 뒤 더 놀라운 일이 벌어졌다. 연세대 대학원 합격발표 일정이 일주일 이상 남았는데도, 조국 가족 4명이 들어있는 단톡방에서 조원의 대학원 합격을 미리 알고 서로 축하해 주었다. 어떻게 이런 일이 가능할까.

하지도 않은 인턴증명서를 하룻밤 사이에 뚝딱! 만들고, 발표도 하지 않은 합격 사실을 미리 알고 기뻐하는 일이 어떻게 가능한가. 상상하기 어려운 소설 같은 일이 조국 가족한테서는 아무렇지도 않게 일어났다. 조원이 대학원에 합격하기 5년 전인 2012년 3월 조국은 트위터에 "모두가 용이 될 필요가 없다"고 했다. 하지만 정작 본인은 아내와 함께 자기 자식들을 용으로 만들기 위해 무서울 정도로 아무렇지도 않게 수단과 방법을 가리지 않았다. 자기 자식은 절대 행복한 붕어, 가재가 되어선 안 되었던 걸까.

최강욱 변호사는 가짜 인턴증명서 의혹을 부인했다. 당연히 조국 자녀에게 가짜 증명서를 만들어 준 대가로 청와대 민정수석실 공직기강비서관으로 채용된 게 아니냐는 의혹도 부인했다.

민정수석실을 거쳐 21대 국회 더불어민주당 소속 국회의원이 된 최강욱 변호사는 이후 대학원 입시업무를 방해한 혐의 등으로 2020년 1월 기소되어 1심과 2심에서 모두 유죄가 인정돼 징역 8개월 집행유예 2년을 선고받았다. 대법원은 그러나 2022년 6월 항소심 판결을 받고도 1년 4개월이나 지나 전원합의체를 통해 2023년 9월 18일 유죄로 확정했다. 이례적으로 재판이 지연되어 친문 실세 봐주기라는 지적이 나왔다. 실제 최강욱은 임기를 83% 채우고 국회의원직을 상실했다.

최강욱은 재판 내내 가짜증명서가 나온 정경심의 PC가 위법하게 확보돼 증거능력이 없고 따라서 본인은 무죄라고 주장했으나 받아들여지지 않았다.

사실 이와 관련한 제보가 있었다. 찬 바람 부는 어느 날 사무실로 나를 찾는 전화가 왔다. 중년의 목소리였다. 최강욱 공직기강비서관이 법무법인에서 근무하던 시절 내부 사정을 잘 안다며 만나자고 했다. 전화로 말해 달라고 했지만 꼭 나를 만나야 한다고 했다. 산더미처럼 쌓인 일을 놔두고 밖으로 나가기 부담스러웠다. 기대하고 나갔는데 별 도움이 안 되는 내용일 수도 있다. 그런데 갑자기 목소리를 낮추고 말했다.

"조원이 법무법인에서 인턴을 하지 않았다는 증거가 있어요"

국회 앞 스타벅스에서 만났다. 의원회관에 제보자의 출입기록을 남기지 않기 위해서다. 놀라운 얘기를 들려줬다. 최강욱 비서관과 조국 수석이 서로 상대 자녀에게 '인턴증명서'를 발급했다는 것이다. 조원이 법무법인에서 인턴 활동을 하지 않고 증명서를 받은 것도 확실하다고 했다. 충격이었다.

청와대 민정수석실은 대한민국 공직기강은 물론 내부의 비위까지 점검하는 막강한 권력을 가지고 있는 곳이다. 그런데 그 조직의 수장과 부하 직원이 가짜 증명서를 주고받고 자녀 입시부정을 공모했다면 보통 일이 아니었다. 문제는 증거다.

이런 경우 압수수색을 하지 않고 증거를 확보하기가 대단히 어렵다. 제보자는 증거가 있다고 했다. 법무법인과 일한 지 좀 됐는데 직원 중에 형님, 동생하며 지내는 사람이 있다고 했다. 어느 날 우연히 조국 아들에 대한 얘기를 들었다고 했다. 뭐라고 들었어요? 제보자는 녹음기를 틀었다.

"(최강욱) 지 자식도 서울대 법대 가서 (인턴) 했거든"

"그게 무슨 말이에요?"

"인턴을… 서로 품앗이를 한 거지"

"(조원이) 여기서 일 한 적 없죠?"

"아휴~ 없어요. 나는 걔가 어떻게 생겼는지도 몰라. 안경을 썼는지 안 썼는지 키도 큰지 작은지도 모르고"

"여직원들도 (검찰에) 진술했다던데…"

"아휴~ 거기만 했겠어요? 나한테도 왔다니까. 검찰이 나한테도 전화 와서 (조원이 인턴 했는지) 물어봤는데… 나는 몰라, 하고 그랬지"

스타벅스 냅킨 위에 재빨리 받아 적었다. 음성 파일을 달라고 했지만 자기 신분이 드러날 수 있다며 거절했다. 제보자는 그러면서 됐죠? 했다. 나에게 뭔가 요구하면 어쩌나 걱정했는데 제보자는 깔끔하게 자리에서 일어났다. 네, 고맙습니다.

사무실로 돌아와서 대화에 등장하는 사람이 실제 법무법인에 근무하는지 확인했다. 근무하고 있었다. 제법 연차가 있는 사람이었다. 녹음기에서 들은 그 목소리와 일치하는지 확인하기 위해 상담하는 척

대화를 나눴다. 일치했다. 녹음기에서 들은 특유의 탁한 목소리 그대로였다.

하지만 이것을 근거로 조원의 인턴 경력이 가짜라고 지적하는 건 또 다른 문제였다. 공공기관으로부터 제출받은 서류도 아니고 음성 파일을 확보한 것도 아니니까. '기자에게 알려주고 취재하라고 할까' 등 여러 방법을 고민했다. 그사이 시간이 흘렀다.

연이은 조국 의혹들이 점점 엉기더니 거대한 먹구름이 되어 나라를 덮어버렸다. 광화문과 서초동은 연일 '조국 구속' '조국 수호' 시위대로 인산인해를 이뤘다. 시간이 더 흘렀다.

새로운 이슈가 터졌다. 문재인 대통령의 친구 송철호의 당선을 위해 청와대가 울산시장 선거에 개입했다는 의혹이었다. 청와대가 직접 헌정질서 파괴에 개입하다니, 믿기 어려웠다. 청와대의 하명수사로 경찰이 김기현 울산시장 후보를 수사한 건 사실이었다.

나경원 원내대표실에서 연락이 왔다. 청와대 하명수사 의혹을 조사해달라고 했다. 김기현 전 시장은 A4에 그림을 그려가며 청와대가 울산시장 선거에 어떻게 개입했는지 상세히 설명했다. 덕분에 경찰청과 울산경찰청, 청와대 등에 날카롭게 자료제출을 요구할 수 있었다. 그렇게 새로운 의혹 조사에 빠져들었고 조원의 법무법인 가짜 경력 의혹은 책상 서랍 깊숙이 들어갔다. 잊혔다.

그러다 2021년 1월 28일 조원 제보가 소환됐다. 법원이 가짜 인턴 증명서 발급이 인정된다며 최강욱에게 징역 8월 집행유예 2년을 선고

한 것이다. 첫 번째 인턴증명서에는 조원이 2017년 1~10월까지 매주 2회 16시간 동안 인턴을 훌륭하게 수행했다는 내용이 담겼다. 황당하게도 1회에 10분 정도 법무법인에서 일했다는 것이다. 세상 어디에도 10분 일하고 경력증명서 발급해 주는 데는 없다. 집에서 법무법인까지 이용한 교통수단이 뭐냐는 판사의 질문에 조원은 제대로 답하지 못했다.

인턴증명서의 내용이 다른 것도 문제였다. 두 번째 인턴증명서는 2018년 충북대 법학전문대학원에 제출됐는데, 인턴 시간이 갑자기 첫 번째 증명서의 16시간에서 386시간으로 확 늘었다. 법원은 정경심이 집에 있는 PC로 첫 번째 경력증명서를 포토샵 등으로 위조한 것으로 보았다. 가짜의 가짜인 셈이다. 최강욱도 이 증거 앞에서는 어쩔 수가 없었는지 처음에는 인턴증명서 둘 다 자기가 발급한 것이라고 했다가 나중에는 두 번째 인턴증명서에 대해서는 "모르겠다, 아무 기억이 없다"고 진술을 바꿨다.

최강욱의 유죄 판단 근거 중에 제보 내용과 유사한 것도 있었다. 법무법인 직원 중에 조원이 인턴으로 근무한 걸 본 사람이 아무도 없다는 것이다. 제보자가 들려준 녹음기 속 내용과 정확히 일치했다. "안경을 썼는지 안 썼는지 키가 큰지 작은지도 몰라" 당연하다, 본 적이 없으니까.

그럼에도 조국은 아들의 허위 인턴을 인정하지 않았다. 조국은 『디케의 눈물』에서 자녀의 인턴 시간이 '실제'와 '증명서' 사이에서 별 차이가 안 난다고 주장했다. 그러면서 "실제 시간은 70시간인데 증명서에는 인턴 또는 체험 활동 시간이 96시간으로 기재되어 있었다"라고 했다. 심지어 아내 정경심에 대해서는 "실제 시간보다 많다는 이유 등으로 배우자 정겸심 교수는 유죄 판결을 받았다"라고 썼다. 이렇게 뻔뻔할 수가 있나. 자녀가 아예 인턴을 하지 않고 발급받은 인턴증명서는 전혀 언급하지 않았다. 게다가 이 가짜 인턴증명서를 스캔하여 16시간을 386시간으로 늘려 만든 가짜의 가짜 증명서에 대해서도 언급하지 않았다.

조국은 증거뿐만 아니라 증언이 나와도 인정하지 않았다. 최강욱 변호사가 소속된 법무법인 직원들은 법정에서 조원이 인턴하는 걸 본 적이 없다고 증언했다. 아쿠아펠리스 호텔 직원들도 법정에서 조민이 인턴하는 걸 본 적이 없다고 증언했다. 조국은 모두 인정하지 않고 재판에서 묵비권을 행사했다. 증거가 나오면 자기에게 유리한 조그만 증거를 부풀려 억울하다고 하고, 증언이 나오면 아예 대응하지 않는 식이었다. 서울대 법대 교수로서의 조국은 20년 이상 교단에 섰으니 나름 사회적으로 인정받는 사람이었을 것이다. 하지만 피고인으로서의 조국은 법과 증거, 논리와 상식이 전혀 통하지 않는 사람이었다. 사람은 누구나 조금씩 공적(公的) 자아와 사적(私的) 자아가 다르다. 하지만 이토록 극단적으로 다른 경우는 매우 드물 것이다. 서울대 법대 졸업생에 따르면, 조국은 신입생이 들어오면 서울대입구역 근처에 있는 중국집 '만리장성'에 학생들을 모아두고 "여러분들은 비록 서울법대생이지만 시선은 항상 낮은 곳을 향해야 합니다"라고 했다고 한다. 참, 멋진 말이다. 그는 이 말에 너무 울컥해서 자장면을 제대로 삼키지 못했을 정도라고 한다. 그랬던 조국이 자녀 입시부정과 관련하여 극단적 자아 분열을 한다며 도저히 같은 사람으로 믿기지 않는다고 했다.

어쨌거나 조국은 자신 때문에 최강욱 의원이 국회의원직을 상실하자 한 달 뒤 친민주당 성향의 유튜브 채널 〈새날〉에 출연해 "자녀들이 저보다 최강욱 의원을 더 좋아했다"며 최 의원에게 미안한 심정을 밝혔다. 아들의 가짜 경력증명서 때문에 입시에 떨어져 피해를 본 학생에 대해서는 언급하지 않았다.

조국과 최강욱은 서로 자녀에게 가짜 증명서를 발급했나?

최강욱 관련 제보에서 여전히 풀리지 않은 의문이 있다. 조원의 가짜 인턴증명서에 대한 답례로 조국은 정말 최강욱의 자녀에게 가짜 증명서를 발급해 줬을까. 그럴 가능성은 충분해 보였다. 예전에도 그랬기 때문이다. 조국은 자기 딸과 같이 한영외고에 다니던 장영표 교수의 아들에게 '서울대 공익인권법센터' 인턴증명서를 발급했다. 그리고 비슷한 시기 장 교수는 조국의 딸을 병리학 논문 제1저자로 만들어 주었다.

공익인권법센터 관계자는 "고교생 인턴 채용공고를 내지 않았지만 교수들이 알음알음 학생들을 데리고 왔다"고 했다. 조국이 데리고 오지 않았다면 장 교수 아들이 공익인권법센터 인턴을 할 수 없었다는 의미다. 이렇게 만들어진 가짜 경력의 용도는 뻔했다. 조민은 병리학 논문 경력을 고려대, 부산대 의전원에 제출하고 합격했다. 장 교수의 아들은 공익인권법센터 경력을 미국 듀크대에 제출하고 합격했다.

아마도 조국은 이런 식으로 믿을 만한 사람과 서로 주고받는 게 가장 안전하고 확실하게 가짜 경력을 만드는 방법이라고 생각했는지 모른다. 절대 들키지 않을 거라고 확신하면서 말이다.

어쨌거나 만약 최강욱의 자녀가 조국으로부터 경력증명서를 받았다면 어딘가에 썼을 것이고, 실제로 그랬다면 입시 또는 입사 업무방해 행위에 해당한다. 아니면 둘 다 해당하든가. 조국이 민정수석이던 시절에 발급해 줬다면 공문서 위조에 해당할 수도 있다. 우리나라 최고 권력기관인 청와대 민정수석실에서 상사와 부하 직원이 자녀를 용으로 만들기 위해 서로 가짜 증명서를 주고받았다면, 자녀를 위한 부모의 마음이나 미풍양속 등으로 용인될 수 없을 것이다. 정당하게 노력한 사람의 인생을 훔치는 범죄행위일 뿐이다.

19
조원의 사라진 입학서류

　제보가 늘 정의로운 건 아니다. 상대를 곤경에 빠트리려거나 개인적인 원한 때문에 거짓 제보를 하는 경우도 많다. 정의로운 제보는 손에 꼽을 정도다. 제보가 늘 해결되는 것도 아니다. 내용이 구체적이고 신빙성이 있어도 끝내 실체를 못 밝히기도 한다. 제보자에 대한 배신이요, 사회적 손실이다. '정의로운' 제보를 접하고 '해결'도 하려면 상당한 운과 실력이 필요하다. 나는 운이 나쁜 건가, 실력이 부족한 건가. 어쩌면 둘 다 일지도. 그날 목소리를 잊을 수 없다.

　제보자의 목소리는 떨렸다. 수화기 너머 오토바이 지나가는 소리가 들렸다. 적어도 사무실은 아니다. 말은 빨랐지만 첫 마디는 명확했다.

　"우리 대학에 부정 입학한 사람이 있어요"

　허리가 뻣뻣해졌다. 조민의 입시부정 의혹이 한창이던 때다. 조민과 관련 있는 얘기일까. 제보자는 대학이 입시부정 사실을 덮기 위해 그 학생의 입학서류를 없앴다고 했다. 재빨리 펜을 쥐었다. 입시부정도 놀라운데, 대학이 직접 나서 그 증거까지 은폐했다니, 사실이라면 대한민국을 흔들만한 일이다. 어느 대학이에요?

"연세대학이요."

펜이 멈췄다. 연세대는 조국 아들 조원이 다니는 곳이다. 만약 제보가 사실이라면 조국의 딸과 아들 모두 입시부정을 했다는 말이 된다. 단도직입적으로 물었다. 조국 아들이 부정 입학했다는 말인가요?

"네, 맞아요."

제보자는 망설임이 없었다. 너무 충격적인 제보지만 그렇다고 덥석, 물어서는 안 된다. 정의로운 제보인가. 신중하게 접근하기로 했다. 제보를 다룰 때 가장 중요한 건 제보자의 신뢰다. 제보자가 소문으로 들은 걸 전해주는 내용이어서는 안 된다. 중간에 가공되거나 오염되었을 수 있다. 본인이 직접 보거나 들은 내용이어야 한다. 실체에 접근할 수 있는 사람인가. 신분을 밝혀달라고 요구했다.

"교직원이에요."

짧게 답했다. 말허리를 잡고 좀더 구체적으로 물었다. 20년 경력의 교직원이며 우연히 동료 교직원과 얘기하던 중 학교에서 이상한 일이 벌어지고 있는 것을 알고 서로 보고 들은 것을 짜 맞췄다고 했다. 전체 그림을 한 번에 파악하기 어려워 자기들끼리 여러 번 식사하면서 퍼즐을 맞췄다고 했다.

제보자를 믿을 만한가. 이때 수화기 너머에서 동전 떨어지는 소리가 들렸다. 자세히 들어보니 주기적으로 뚝, 뚝 떨어지는 소리였다. 공중전화였다. 요즘 세상에 누가 공중전화를 사용하나. 사무실 전화나 휴대전화를 사용하지 않고 번거롭게 동전을 바꿔 연락한 이유는 뻔하다. 제보는 하되 신분은 감추기 위해서다. 믿어보기로 했다. 구체적으로 물었다. 부정 입학 근거가 뭐에요?

"서류가 달라요."

지원자가 입학서류를 제출하면 대학원 본부는 그것을 스캔하여 파일형태로 학교 서버에 저장하고, 서류는 인편으로 해당 단과대학으로 보낸다. 단과대학은 이것을 복사해 입시전형 자료로 활용하고 원본은 전공학과별 캐비닛에 보관한다. 따라서 서버에 저장된 입학서류와 캐비닛에 보관된 입학서류는 서로 다를 수 없다. 제보자는 이 두 서류가 다르다고 했다.

캐비닛에 보관된 입학서류에는 가위로 오려서 풀로 붙인 증명서가 추가돼 있다고 했다. 서울대 공익인권법센터에서 발급한 인턴 경력증명서 등이라고 했다. 맙소사, 도대체 누가 이걸 몰래 갖다 붙인 걸까. 입학서류를 직접 만질 수 있는 사람은 소수의 교수와 교직원, 조교 정도다. 제보자가 스스로 교직원임을 밝혔으므로 범인은, 교수이거나 교수와 아주 가까운 조교일 가능성이 높다. 입학공정관리위원회에 신고했나요?

"아뇨, 그 사람들이 서류를 없앴어요."

교수와 직원이 모의하여 서류를 없앴다고 했다. 교수들도 처음에는 똑같아야 할 입학서류가 달라서 당황했다고 한다. 하지만 누가 내뱉은, 잘못하면 우리 다 죽는다, 이 한마디에 함께 새로운 목표를 향해 달리기 시작했다. 증거를 없애기로 한 것이다. 그래야 나도 살고, 너도 살고, 대학도 살 수 있다는 데 공동범죄 모의가 이뤄졌다. 설마 명문 사립대학이 이런 무모한 짓을 했을 리가, 라고 생각하면 오산이다. 과거 고려대에 그런 일이 있었다. 1993년 박석무 전 국회의원이 공개한 교육부 자료에 따르면, 고려대는 1989년 미등록자 6명을 보충하면서 사정(查定) 기준 없이 임의로 합격시켰고, 이후 증거를 은폐하기 위해 입시 관련 자료를 폐기했다가 적발된 적이 있다. 역사도 반복되고 부정행위도 반복되나 보다.

연세대의 증거인멸 작전은 대범했다. 우선 대학원 정치외교학과 캐비닛에 보관된 입학서류를 없앴다. 대학원 서버에 보관된 입학서류와 비교할 수 없도록 하기 위해서다. 그런데 조원 서류만 없으면 의심받을 수 있어 해당 학기 입학서류를 모두 없애 버렸다. 일이 점점 커졌다. 그래도 불안했는지 며칠 뒤 캐비닛을 다시 열어 몇 년 치 입학서류를 몽땅 없앴다.

여기가 끝이 아니다. 다른 학과 서류는 그대로인데 하필 정치외교학과 서류만 없으면 더 의심받을 수 있다. 그래서 다른 학과 입학서류도 함께 없애버렸다. 단 한 명의 입시부정을 덮기 위해 백여 명의 멀쩡한 입학서류를 없애는 초유의 사건이 벌어진 것이다. 머리가 아득

했다.

제보자는 조원의 입학 과정도 문제가 있다고 했다. 2017년 4월 조원은 연세대 정치외교학과 석박사 통합과정에 지원했으나 탈락하고 같은 해 10월 재응모해 석사과정에 합격했다. 그런데 정확히 말하면 이때 조원은 '합격자'가 아니라 '예비합격자'였다고 한다. 조원이 4월에 이어 10월에도 합격하지 못하자 비인기학과에서 발생한 정원 미달 TO를 정치외교학과로 가져와 조원을 '합격자'로 끌어 올렸다는 것이다.

조원이 이 위험하고, 번거롭고, 불공정한 과정을 거쳐 대학원에 합격하자, 합격발표도 나기도 전에 미리 합격 여부를 알고 가족이 모인 단톡방에서 서로 축하해 줬다. 세상이 조국 가족 중심으로 돌아간다고 하면 누가 믿으려나.

나중에 재판에서 이 과정이 좀더 자세히 밝혀졌다. 조원은 2017년 11월 3일 오후 1시 20분 연세대 대학원 원서접수를 완료했다. 당시 모집 요강에는 서류 제출 완료 후 수정은 불가능하다고 나와 있다. 조원은 그런데도 오후 4시 11분 학교 측에 수정된 원서와 관련 증빙서류를 첨부한 이메일을 보냈다. 그리고 6분 뒤 조국, 정경심 부부는 이런 문자메시지를 주고받았다.

정경심: 이제야 제출완료ㅜㅜ

조국: 수고했습니다!!

정경심: 이거에서 이거로 저기 칸에 맞춰서 만들고 붙이고 컬러사진 출력해서 또 붙이고 스캔하고 드림디포 왔다갔다ㅜㅜ 조원 이놈!!

이 문자는 단순한 대화가 아니다. 처음 조원이 혼자 제출한 서류에는 경력란이 텅 비었는데, 나중에 어머니 정경심과 함께 제출한 서류에는 경력란이 꽉 채워졌다. 6개 경력 칸이 모자라 임의로 한 칸을 더 그려서 총 7개의 경력을 제출했다. 위 문자에서 '이거에서 이거로 칸에 맞춰서 만들고 붙이고 스캔하고…'하는 내용은 그런 상황을 설명한 것이다. 당연히 경력은 대부분 가짜다. 조국, 정경심 부부가 조원의 연세대 입시부정에 함께 했다는 것을 추정할 수 있다.

제보자는 청와대 연루설도 제기했다. 조원은 장학금 250만 원을 받으며 배종윤 교수의 조교가 됐는데 이와 관련해 학교에서 떠도는 루머가 있다고 했다. 조국 수석과 연세대 정치외교학과가 특별한 관계가 있다는 것이다. 연결 고리는 문정인 청와대 통일외교안보 특별보좌관.

문 특보는 연세대 정치외교학과 교수 출신으로 2017년 5월 문재인 정권이 출범하자 청와대 특보로 임명됐다. 배 교수는 바로 그런 문 특보의 박사과정 제자이자 '오른팔'이었다. 그런데 공교롭게도 그 오른팔 품에 조국 아들이 장학금을 받고 조교로 들어온 것이다. 이 때문에 대학에서 조국 수석과 문정인 특보, 배종윤 교수 그리고 조원으로 이어지는 특별한 관계에 대해 말이 많았다고 했다. 문 특보는 이에 대해 "조국과 아무 친분도 없다"며 관련설을 부인했다.

이 제보가 모두 사실이라면 대한민국을 흔들만한 대사건인 건 분명했다. 팔등의 혈관이 곤두섰다. 제보자에게 만나자고 했다. 너무 충격적인 내용이라 직접 만나 하나하나 짚어보고 싶었다. 제보자는 거부했다. 대신 이메일로 내용을 정리해 주겠다고 했다. 나는 그사이 연세대에 조원 입학서류 관련 자료제출을 요구했다, 가 아니다.

어?

누가 이미 자료제출을 요구했다. 날짜를 확인했다. 2019년 8월 21일? 기억을 더듬었다. 8월 19일부터 조민의 장학금 비위, 제1저자 논문 의혹이 연이어 터질 때 '혹시나' 하는 심정으로 동생 조원이 다니는 연세대에 자료제출을 요구했던 것이다. 까맣게 잊고 있었다. 문자메시지 예약도 놓쳤나. 서둘러 연세대가 제출한 답변서를 확인했다.

「개인정보보호법」에 의해 본인 동의 없이 자료를 제공할 수 없음을 양해 바랍니다.

연세대 교학팀장에게 전화했다. 당사자가 동의하지 않아 제출할 수 없다는 말만 반복했다. 계속 연락했다. 어떤 날은 교육부 조사 받느라 전화를 받지 못한다고 했고, 어떤 날은 그냥 전화를 받지 않았다.

이때가 9월 중순이었다. 제보자는 당시 학교에서 어떤 일이 있었는지 구체적으로 알려주었다. 연세대가 조원의 입학서류를 처음 확인한 날은 8월 21일 내가 자료제출을 요구한 날이었다. 처음에는 조원의 입학서류에 누나 조민처럼 가짜 경력증명서가 들어간 줄 알았다고 했다. 하지만 가짜 경력은커녕 경력 칸이 텅 비어 있어서 깜짝 놀랐다고 했다. 그래서 정치외교학과에 연락해 입학서류 원본을 가져와 대조해보니 그제야 입학서류가 다르다는 것을 알고 기겁했다고 했다.

자기들도 입시부정 의심이 들었는지 조원 면접 평가점수표를 찾아서 봤는데, 역시나 입시부정 의혹을 살만한 정황이 다수 나왔다고 한다. 교수 여러 명의 생사가 걸린 문제가 된 것이다. 이때부터 난리가 났다고 한다.

연세대는 이대로 국회에 답변서를 제출하면 큰 문제가 될 거 같아 "일단 「개인정보보호법」에 의하여 본인 동의 없이 자료를 제출할 수 없다"고 답하기로 했다고 한다. 내가 받은 답변서가 바로 이거다. 하지만 이게 나중에 문제가 된다.

9월 23일 검찰이 연세대를 압수수색했지만 조원 입학서류 원본 확보에 실패했다. 이날 연세대 직원은 수사관들에게 "우리도 분실된 걸 처음 알았다"고 했다. 하지만 검찰은 연세대가 고의로 증거를 없앴을 가능성을 의심했다.

그러자 25일 연세대는 보도자료를 내고 "7월 말 교육부 감사 때 처음으로 입학서류가 없어진 걸 알았다"고 입장을 번복했다. 조국이 법무부 장관으로 임명(9월 9일)되기 전 서류가 없어졌다고 해야 증거인멸 의심을 덜 받을 수 있다고 생각한 것이다.

거짓말은 금세 탄로 났다. 다음날인 26일 교육부가 "7월 감사에서 대학원 입학서류를 확인하지 않았고 연세대로부터 분실 보고를 받은 적도 없다"고 반박했다. 연세대는 당황했다. 당시 교육부 관계자에 따르면 연세대가 교육부를 언급하며 입학서류 분실 사유를 해명하자 매우 불쾌했다고 한다. 혹여 교육부의 봐주기, 부실 감사 의혹이 일면 자신들에게 화살이 날아올 수 있기 때문이다. 교육부 내에서 연세대를 봐주면 안 된다는 둥 험악한 말이 오갔다고 한다. 여기서 의외의 인물이 등장한다.

같은 날 오후 더불어민주당 우상호 국회의원 등이 연세대 총장실을 방문한 것이다. 연세대는 우상호 의원의 모교이자 지역구 대학이다. 당시 총장은 뉴욕 출장 중이라 교학부총장 등 주요 보직자가 응대했다. 이 자리에서 그들은 무슨 얘기를 나눴을까, 정치적 상상력을 발휘하지 않을 수 없다. 왜냐하면 그날 연세대는 〈입학서류 분실사건 대응 TF〉를 구성하고 더욱 업그레이드된 해명자료를 내놓았기 때문이다. 전문가의 솜씨가 느껴졌다. 우연이라고 하기에는 시기가 너무 절묘하고 의심스럽다. 의외의 인물은 구세주인가 공모자인가. 이날 연세대가 발표한 해명자료 내용은 이렇다.

"8월 21일 국회의원실 자료요청으로 서류를 파악하던 중 분실 사실을 인지했다. 3년 치 자료가 아닌 모든 연도 자료가 분실되었다. 조국 아들 입학서류만 분실된 것이 아니다."

이번에는 교육부 얘기는 빼고 국회에서 자료제출 요구했을 때 처음 서류 분실한 사실을 인지했다는 것이다. 하지만 이 해명도 문제다. 이게 사실이라면 왜 처음부터 국회에 그렇게 답변하지 않았느냐는 문제가 남기 때문이다. 정말로 국회가 자료요구했을 때 서류 분실한 사실을 알았다면 「개인정보보호법」 등이 아니라, 서류가 분실되어 자료를 제출할 수 없다고 답해야 했다. 하지만 연세대는 이미 나에게 '당사자 동의가 없어 제출할 수 없다'고 답했다. 즉, 이때만 하더라도 연세대에 입학서류가 있었다는 의미다.

제보자는 당시 박 모 대학원장이 주도한 〈입학서류 분실사건 대응 TF〉 회의에서 다음과 같은 묘책이 나왔다고 했다.

"입학서류 분실 사실을 정치외교학과에서는 7월 종합감사 때 알았고, 대학본부에서는 8월 말 국회가 자료제출 요구할 때 알았다고 하자. 그렇게 분실 사실을 인지한 주체가 달라 혼선이 있었다고 하면 해명을 번복한다는 지적을 피할 수 있다"

잦은 해명 번복은 의심을 불렀다. 2019년 9월 27일 〈조선일보〉는 '조국 아들 면접점수표 실종… 연세대 연일 오락가락 해명'이라는 기사를 내보냈다. 다른 언론도 연세대의 갈지자 해명을 비판했다.

연세대에 전화했다. 완강하게 저항했다. 담당 직원과 험한 말이 오갔다. 직원이 나에게 "우리 학교에 왜 이러시는 거에요?"라고 했다.

어이가 없었다. 목소리를 가다듬었다. 「국회법」에 따라 계속 자료제출을 거부하면 고발할 수도 있습니다, 라고 하니까 그냥 전화를 끊어버렸다. 황당했다. 뭘 믿고 이렇게 막가파식으로 나오는 걸까? 혹시 우상호 국회의원이 다녀간 것과 관련이 있나. 다수당이 막으면 소수당은 아무것도 할 수 없어, 걱정하지 마라. 우리가 무조건 지켜줄 테니까 자료제출 협조하지 말고 버텨라, 뭐 이런 말이라도 한 걸까.

도저히 그냥 넘어갈 수 없었다. '국정조사권'을 발동해 증거인멸에 관여한 걸로 의심되는 교수와 직원들을 국회 증인석에 세워야 한다. 하지만 21대 총선에서 비례위성정당을 포함해 180석을 차지한 민주당이 동의할 가능성은 제로였다. 더구나 누나 조민의 입시부정과 비교하면 조원이 연세대 입시부정을 하게 된 과정이나 가담 정도 등이 훨씬 덜했다. 무엇보다 가장 마음에 걸렸던 건 이미 조민 입시부정의 주범, 공범, 종범 등으로 조국과 정경심에 대한 기소가 명백한 상황이고, 경우에 따라 당사자인 조민도 기소될 수 있기 때문에(2023년 8월 10일 기소됨) 여기에 아들 조원까지 포함되게 하는 건 선뜻 내키지 않았다. 당시에는 조국, 정경심 부부가 동시에 구속될 수도 있는 상황이어서 더욱 그랬다.

창밖을 내다봤다. 이대로 묻히면 안 되는데. 한 손에 커피를 든 국회 출입 기자들이 삼삼오오 걷고 있었다. 휴대전화를 챙겨 기자에게 향했다. 기자는 과연 내 말을 어디까지 믿어줄까. 기자는 고개를 저었다. 매일매일 새로운 기사를 써야 하는 국회 출입 기자로서 취재에 한

계가 있다는 것이다. 탐사보도팀을 연결해 주었다. 마침 연세대 출신 기자가 있었다. 취재에 열을 올렸다. 연락이 닿는 교직원도 찾았다. 한 달이 흘렀다. 조용했다. 진전이 없었다. 교직원은 계속 머뭇거리기만 할 뿐, 속 시원하게 얘기하지 않았다. 교직원에게서 들은 말이라곤 겨우 한 마디였다.

"아... 나중에요" 뚝.

그렇게 교직원과의 연락마저 뚝, 끊겨버렸다. 뭘 말하고 싶어서 나중에요, 라는 여지를 남겼을까. 교직원은 두렵거나, 모르거나 둘 중 하나였을 것이다. 차라리 두렵기를 바랐다. 시간이 지나면 무뎌질 테니까.

제보자와 연락이 끊긴 지 오래다. 시간이 더 지나야 하나. 그날 떨리는 제보자의 목소리는 아직 내 귓가에 남아 있고, 안타깝게도 시간이 흘러 2021년 5월 연세대의 증거인멸 의혹은 검찰에서 무혐의로 결론 났다.

그래도, 난, 모르겠다. 제보자를 직접 꼭 한번 만나고 싶다는 생각뿐이다.

검찰은 왜 무혐의 처분했나?

2019년 9월 23일 연세대 압수수색 때 조원의 입학서류 확보에 실패한 검찰은 서류가 고의로 사라졌을 가능성에 무게를 두고 수사에 착수했다. 사라진 서류는 조원이 제출한 입학서류 원본과 심사위원들이 평가한 면접 및 서류점수표 등이다.

당시 교육부는 연세대 정기감사를 마무리하던 중이었지만, 인문·사회·교육계열 학과에서 4년치(20016~2019학년도) 입학서류 수백 개가 사라지자 재감사를 실시했다. 교육부는 교수 70여 명을 적발해 학교 측에 징계를 요구하고 수사의뢰했다.

교수는 반발했다. 한 교수는 "이번 감사는 정치적인 감사"라면서 조원 입학서류 실종을 '고의적인 은폐'가 아니라 '총체적 관리 부실'로 몰아가기 위한 것이라고 했다. 또 다른 교수는 "교수한테 징계는 빨간 줄이나 다름없는데 조국 아들 때문에 어처구니 없는 곳으로 불똥이 튀었다"고 했다.

검찰은 교육부 감사자료를 넘겨받아 1년여간 수사했지만 입학서류가 고의로 사라진 증거가 충분하지 않다고 결론 내리고 전원 불기소 처분했다. 입학서류가 사라진 이유는 결국 미스터리로 남게 된 것이다.

이런 생각을 해본다. 만약 검찰이 업무망인 연세대 인트라넷 서버를 압수수색하고, 교직원 휴대전화도 포렌식하는 등 좀더 적극적으로 수사했다면 어땠을까? 제보자는 증거인멸에 참여한 직원들이 교내 업무망으로 대화를 나눴다고 했다.

—

정경심

20
정경심 교수의 병원 진단서

2019년 9월 정경심 교수가 동양대에 병가 휴직서를 제출하고 학교에 나오지 않는다는 보도가 나왔다. 기사를 찬찬히 읽었다. 시선이 '병가 휴직서'에 멈췄다. 지금까지 나온 수많은 가짜증명서로 볼 때 정 교수가 동양대에 제출한 병원 진단서도 어쩌면 가짜일지 모른다는 생각이 들었다.

'말할 듯하면서도 말하지 않으면서 그렇다고 전화도 끊지 않는' 동양대 직원에게 전화했다. 기자 취재에 시달린 다른 부서의 직원들은 아예 전화를 받지 않았다. 그 직원이 유일한 창구였다. 영주 부석사, 풍기인삼, 풍기인견, 선비마을, 한우, 포도, 배, 생강 도넛 등 지역 명물을 줄줄 읊자 직원은 깜짝 놀랐다. 영주 명물을 잘 아는 외지인이 신기했나 보다.

사실 나는 경북 영주와 인연이 있다. 17대 국회에서 경북 영주시를 지역구로 둔 장윤석 의원실 선임비서관으로 일했다. 영주에 내려가

지역사업과 정책을 챙기고 영주시청 공무원과 회의도 했었다. 이런 사실을 말하니 더욱 반가워하며 마음의 문을 열어주었다. 세상은 넓고 인연은 오묘했다.

'표창장 때문에 고초를 겪는 동양대가 안타깝다' '그래서 더더욱 정경심 교수의 병원 진단서를 확인해야 한다'고 했다. 직원은 어느 병원 진단서인지 한사코 알려줄 수 없다고 했다. 우리는 며칠 동안 영양가 없이 밀고 당기는 말만 주고받았다.

2019년 9월 20일 오전 그날은 달랐다. 여느 때처럼 의례적인 말이 오가고 정경심의 병원 진단서 얘기를 꺼냈다. 정 알려주기가 곤란하면 병원이 서울 어느 구에 있는지 만이라도 알려달라고 했다. 직원은 뜸을 들이더니 갑자기 '동작구'라고 짧게 말했다. 전화기를 머리와 어깨 사이에 끼우고 손을 키보드로 가져갔다. 침착해야 한다. 동작구에서 가장 큰 병원은 중앙대병원이다. 중앙대 병원이에요? 물으니, 종합병원은 아니에요, 라고 했다.

손가락은 조용히 키보드를 두드리고 있었다. 범고래가 먹이를 향해 접근하듯 서두르지 않았다. 병원 검색 사이트를 찾아서 '동작구'를 입력했다. 약 800개의 병원이 검색됐다. 범위를 더 좁혀야 한다. 동작구에 병원이 너무 많다고 엄살을 부렸다. 직원은 또 뜸을 들더니 '제가 보기엔 중간급 병원 같은데요'라고 했다. 다행히 사이트에서 규모별로 병원이 검색됐다. 종합병원 → 전문병원 → 병원 → 의원 순이다. 동작구에 있는 '(중간급) 병원'으로 범위를 좁히니 검색 결과가 놀랍게도 5개로 줄었다. 그 직원은 내가 병원 5개까지 범위를 좁힌 걸 몰랐다. 다시 엄살을 부렸다. 병원 첫 글자만이라도 알려주세요. 갑자기 목소리가 달라졌다.

절대 알려줄 수 없다고 했다. 그러면서도 직원은 전화를 끊지 않아 애간장을 태웠다. 서두르거나 압박하면 달아날 수도 있다. 다시 그러면 첫 글자가 안 되면 초성이라도 알려달라고 했다. 초성만으로는 찾기가 어려우니 그건 내가 알아서 해보겠다고 설득했다. 그러면서 한 마디 덧붙였다. 동양에서는 동양대가 최고입니다!

직원은 풋, 웃더니 초성이 'ㅈ(지읒)'이라고 말했다. 5개 병원 가운데 지읒으로 시작하는 병원명은 거짓말처럼 딱, 하나였다. 직원은 더 이상 알려줄 수 없다며 마침내 전화를 끊었다. 나는 천천히 자리에서 일어나 사무실 창밖을 내다봤다. **KBS** 연구동 앞 도로는 한산했다. 내 머리는 더할 나위 없이 맑았다.

같은 날 오후 〈조선일보〉, 〈TV조선〉, 〈한겨레〉, 〈채널A〉 국회 출입 기자에게 병원 이름을 알려주면서 정경심 교수가 어쩌면 여기서 병원 진단서를 발급받았을지 모른다고 했다. 다음날인 토요일 오전 나는 병원으로 향했다. 주말 기러기 생활을 시작한 이래 부산에 안 내려간 날은 이날이 처음이다. 병원 1층 로비는 환자들로 북적였다. 원무과 직원들은 바쁘게 움직이고 있었다. 엘리베이터를 타고 5~7층 입원실로 향했다. 5층에 내려 병실 앞에 붙어 있는 명패를 하나씩 살폈다. 빈칸 없이 꽉 차 있는 명패 가운데 정*심이라는 이름은 없었다. 6층에도 없었다. VIP 병실이 있는 7층은 전체가 텅 비어 있었다.

다시 확인하기 위해 엘리베이터를 타고 5층으로 내려갔다. 엘리베이터 문이 열리는 순간 말쑥한 정장 차림과 눈이 마주쳤다. 영화 「접속」의 두 주인공처럼 우리는 몸을 살짝 옆으로 돌리며 스쳤다. 다시 봐도 명패에 정*심이라는 이름은 없었다. 아쉬운 마음에 여기저기 둘러 보다 5층 간호사 데스크로 향했다. 간호사 두 명이 얘기하고 있었고, 데스크에는 대학노트 두 권이 펼쳐져 있었다. 용기를 냈다.

"정경심 씨 면회 왔는데 몇 호실인지 알 수 있을까요?"

간호사는 익숙한 손놀림으로 후루룩 노트를 넘기더니 "그런 사람 없는데요" 라고 했다. 특이하게도 노트에는 모든 메모가 연필로 쓰여 있었다. 워낙 환자들의 상황 변화가 많아서 그런 듯했다. 그때 정경심이라는 글자가 눈에 들어왔다. 거꾸로 본 글자인데도 신기하게도 내 눈에는 정경심이라는 글자가 딱, 들어왔다. 손으로 가리키며 이 사람 아닌가요?

간호사는 "아, 이분은 정영심인데… 추석 전에 퇴원했어요. 우리 병원 맞아요? 정경심 씨한테 전화해보세요"라고 했다.

순간 말문이 막혔다. "아… 네, 알겠습니다" 하고 나왔다. 글자를 빨리 쓰다가 'ㄱ(기역)'이 'ㅇ(이응)'처럼 쓰인 것 같았다. 99% 심증은 가지만 100% 물증은 아니었다. 1층 로비에서 어떻게 하면 좋을지 고민했다. 밖을 보니 누군가 서성이며 전화 통화하는 게 보였다. 영락없이 기자가 데스크에 보고하는 그 폼이었다. 국회에서 20년 가까이 기자들과 지내다 보니 가지게 된 쓸 데 없는 능력 중 하나다. 방금 5층에서 본 그 사람이었다. 조심히 다가갔다. 그는 내가 다가간 만큼 멀어졌다. 몇 차례 반복했다. 기자임에 틀림이 없다.

일단 물러나 통화가 끝나기를 기다렸다. 통화가 끝나자 다가가서 단도직입적으로 물었다.

"기자세요?"

"아닌데요."

불필요한 신경전은 하지 말자. 내 신분을 먼저 밝혔다.

"저는 국회에서 왔습니다"

그러자 대뜸 "어느 의원실이세요?" 했다. 국회 출입 기자가 아니면 할 수 없는 질문이다. 우리는 근처 빈 건물로 들어가 명함을 교환했다. 기자는 내 명함을 보더니 "아, 말씀 많이 들었습니다"하며 손을 내밀었다. 오랜만에 사회에서 만난 논산훈련소 동기처럼 우리는 어색한 인사를 나눴다. 〈채널A〉 사회부 소속이었다. 정경심이 진단서를 받아 간 걸로 의심되는 병원을 언론사 4곳에 알렸는데 실제 취재 나온 곳은 〈채널A〉 뿐이었다. 목소리를 낮추고 내가 파악한 내용을 먼저 공유했다. 정경심이 아닌 정영심이라는 사람이 입원한 적이 있고 추석 전에 퇴원했다고 했다.

기자는 확신에 찬 목소리로 정경심이 입원한 게 맞고 동명이인(同名異人)일 가능성을 살펴보는 중이라고 했다. 깜짝 놀랐다. "어떻게 확인했어요?" 그건 알려줄 수 없다고 했다. 정영(경)심의 생년월일도 파악했는데 진짜 생년월일을 몰라서 이것만 확인하면 될 거 같다고 했다. 나는 정경심의 생년월일을 알고 있었다. 서로 파악한 내용을 취합해 정경심의 입원 사실을 최종적으로 확인했다. 2019년 9월 21일 토요일 오전 11시경이었다.

그날 저녁 〈채널A〉는 '추석 전 입원 후 퇴원…정경심, 병실 홀로 쓰며 '쉬쉬''라는 제목으로 보도했다. 〈채널A〉는 추가 취재를 통해 그 병원에 정경심의 진료 기록이 남아 있지 않은 사실도 확인했다. 병원이 입원 환자의 진료기록을 보관하지 않으면 「의료법」 위반이다. 병원장은 인터뷰에서 정경심이 정상적으로 진료를 받아 입원했지만, 어째서 진료 기록이 없는지는 밝히지 않았다. 말이 안 되는 상황이었다.

더 이상한 것은 정경심이 정형외과 전문인 이 병원에서 스트레스, 두통 진단서를 받아 동양대에 병가 휴직 서류로 제출했다는 것이다. 병원장과 정경심의 관계가 의심스러울 수밖에 없었다. 공교롭게도 두 사람은 서울대 81학번 동기였다. 한 해 같은 대학의 동기가 보통 천 명이 넘으니 동기라고 해서 반드시 아는 사이라고 할 수 없다. 하지만 병원에서 진료기록을 남기지 않고 입원하고, 관절·척추 전문병원에서 내과나 신경과 진단서를 발급받은 것은, 둘 사이가 특별할 뿐만 아니라 어쩌면 병원 진단서가 가짜일 수 있다는 의심을 사기에 충분했다.

정경심의 병원 기록은 이후에도 논란이 됐다. 정경심은 2019년 10월 15일 검찰의 소환조사를 거부하면서 병원에서 발급받은 뇌종양,

뇌경색 자료를 검찰에 제출했다. 그런데 이 자료도 정형외과에서 발급된 것이었다. 정상적이라면 신경외과에서 발급해야 한다. 왜 정경심의 진료 기록은 모두 정형외과에서 나오는 걸까. 심지어 이 자료는 진단서도 아닌 입원증명서였고, 병원과 의사명이 모두 빠져 있어서 진짜인지 가짜인지 알 수 없는 것이었다.

병원 진단서와 관련해 조민도 비슷한 논란이 있었다. 부산대 의전원 합격발표가 난 바로 다음날 2014년 10월 1일 조민은 서울대 환경대학원에 질병휴학을 신청하면서 서울대병원 진단서를 제출했다. 이 진단서 진위여부를 확인하기 위해 서울대병원에 자료제출을 요구했지만 개인정보라는 이유로 제출을 거부했다.

왜 조국 가족한테서만 이런 이상한(?) 병원 서류가 나오는 걸까. 추측건대, 정경심의 병원 진단서는 자신의 PC에서 포토샵으로 만든 것이 아니라, 의사가 그냥 정경심이 원하는 대로 발급해 준 것으로 보였다. 친분 있거나 영향력 있는 사람이 부탁하면 의사가 허위로 진단서를 써주기도 한다는 항간의 소문이 진짜란 말인가?

정경심이 입원한 병원과 관련해 알려지지 않은 얘기가 있다. 원래 정경심이 입원하려던 병원은 서울 소재 병원이 아니다. 부산에 있는 우리들병원에 입원하려고 했다. 우리들병원은 노무현 전 대통령과 깊은 인연이 있다. 우리들병원 설립자인 이상호 회장은 정치인 노무현의 오랜 후원자이자 주치의로 유명했고, 노 전 대통령은 변호사 시절 우리들병원 자문 변호사로 활동했다. 노 전 대통령이 당선인 시절 허리 디스크 수술을 여기서 받았을 정도로 이 회장을 신임했다. 정경심은 왜 우리들병원에 입원하려 했을까. 아마도 정경심이 이 병원에 입원하면, 신경외과 진단서도 발급받을 수 있고 여러 편의 제공도 받을 수 있었을 것이다. 하지만 우리들병원은 과거 노 전 대통령 측근에게 불법 정치자금을 제공한 혐의로 검찰 수사를 받은 적이 있다. 조국 사태 당시에는 신한은행 260억 대출 연대보증 불법 해지 의혹과 관련해 수사를 받는 중이었다. 이런 상황에서 정경심이 우리들병원에 입원한다면 언론이나 국회, 검찰의 이목을 끄는 건 물론이고 과거 불미스러운 일까지 소환될 게 뻔했다. 우리들병원은 이런 상황을 원하지 않았을 것이다.

21
정경심의 BMW

조국 사태를 조사하다가 강한 의심이 들지만 자료 조사의 한계 때문에 언론에 보도되지 못한 의혹들이 있다. 정경심의 차량이 그랬다. 조국 법무부 장관 후보자 인사청문회 자료를 보면 조국 일가가 소유한 차량은 모두 석 대다. 조국·정경심 공동명의 아반떼(2013년), 조국 명의의 QM3(2016년) 그리고 정경심 명의의 SM6(2016년). 지금까지 수많은 가짜와 꼼수 의혹이 제기된 상태서 50억대 재력가치고는 검소한 차량이 수상쩍었다. 당연히 조국 사태가 발생하지 않았다면 정말이지 아무 의심 없이 지나쳤을 자료다.

검증하기로 했다. 정경심은 2011년 9월 1일 동양대 교수로 채용됐다. 강의가 있는 날이면 서울 방배동 아파트에서 직접 차를 몰고 동양대가 있는 경북 영주로 내려갔다고 한다. 우선 동양대에 정경심 차량의 출입 기록 자료제출을 요구했다. 차량 번호가 아닌 차량 출입 기록을 요구한 데는 다른 이유가 있다. 당시 이미 표창장 위조 의혹이 한창 제기될 때였고 만약 정경심이 직접 표창장을 위조했다면 집이 아닌 조용한 동양대 교수연구실에서 했을 가능성이 있기 때문이다.

따라서 만약 정경심이 '강의가 없는데도' 동양대에 내려갔고 그날이 마침 부산대 의전원 '입학전형을 앞둔 시기'라면 정경심이 동양대에서 총장 표창장을 위조한 날짜를 대략적으로 특정할 수 있다. 그런데 재판부도 나와 비슷한 관점으로 정경심의 표창장 위조 혐의를 판단했다.

2020년 12월 23일 1심 재판부는 정경심의 동양대 표창장 위조 혐의를 유죄로 판단했다. 재판부는 동양대 강사휴게실 PC 1호의 사용 내역을 볼 때, 정경심이 조민의 서울대 의전원 입시서류 제출 마감 이틀 전인 2013년 6월 16일 (동양대 총장 직인이 무더기로 발견된) PC 1호로 동양대 표창장을 위조한 것이 인정된다고 판단했다.

PC 1호는 강사휴게실이라는 공용장소에 있었는데도 정경심이 표창장 위조에 사용한 PC로 인정됐다. 이 PC에서 조국이 서울대 강의실 홈페이지에 접속하고, 조민이 고려대 홈페이지에 접속하고, 정겸심이 한국투자신탁 홈페이지에 접속한 이력이 나왔기 때문이다. 조원이 게임용으로 사용한 걸로 추정되는 이력도 나왔다. 2013년 2월부터 1년여간 저녁 9시부터 오전 7시까지 인터넷에 접속한 기록이 수두룩하게 나왔고, 심지어 2014년 3월 14일 23시경 게임 '마비노기'가 설치된 기록도 나왔다. PC 1호는 정경심 가족이 집에서 사적으로 사용하고 반납한 컴퓨터라는 의미다.

게임과 관련하여 덧붙이면, 조원에게는 대학원 시절 '게임'과 관련된 일화가 있다. 조원은 2018년 조교 장학금 250만 원을 받고 연세대 정치외교학과 대학원에 입학했지만, 바로 다음 학기에 조교를 그만뒀다. 장학금까지 받으며 공부할 수 있는 좋은 기회인데 왜 그만뒀을까.

연세대는 조원이 로스쿨 진학 의지를 밝히자 담당 교수가 리트(LEET, 법학적성검사시험) 준비를 위해 그만두도록 했다고 밝혔다. 나도 모르게 입꼬리가 올라갔다. 교수 조교 자리는 학위 준비나 시험 준비 등으로 결정되지 않는다. 학사일정 외에 교수의 사적인 일정도 공유해야 하므로 조교는 보통 교수의 '마음에 들어야' 할 수 있는 자리다. 연세대 지인을 수소문했다.

전혀 생각지도 못한 얘기를 들려주었다. 조원이 교수연구실에서 게임을 하다가 몇 번 들킨 적이 있는데 주의를 줘도 계속 게임을 했고, 이를 보다 못한 다른 학생이 교수에게 문제제기를 한 적이 있다고 했다. 지인은 조원이 로스쿨 준비를 위해 '그만 둔 것'이 아니라 교수연구실에서 게임을 하다 걸려 '잘린 것'이라고 단호하게 말했다. 다들 쉬쉬하고 있을 뿐 대학원에서는 상당히 알려진 얘기라고 했다. 증거를 찾고 싶었다.

연세대에 조원이 조교 시절 사용한 PC에 게임 '마비노기'가 깔렸는지 자료제출을 요구하고 싶었으나 이미 상당한 시간이 흐른 데다 자료를 요구하는 순간 증거 인멸될 가능성이 높아 실익이 없었다. 어쨌거나 누나 조민과 달리 조원이 연속해서 장학금을 받지 못하고 1회만 받은 이유는 게임 때문인 듯 하다. 이 일화를 통해 정경심이 동양대에서 집으로 가져온 PC 1호에 게임 '마비노기'를 깐 사람은 바로 정경심도 조민도 아닌 조원일 거라는 합리적 추정이 가능했다.

조민은 『오늘도 나아가는 중입니다』에서 "(동생은) 게임을 그냥 잘하는 게 아니라 한창 잘할 때 프로게이머 제의를 받을 정도로 실력이 높았다"라고 했다. 오버워치 기준 아시아 서버에서 48위, '리그 오브 레전드'는 다이아 등급이라고 밝혔다.

다시 정경심의 차량이다. 동양대 직원에게 연락해 정경심 차량 출입기록에 대해 물었다. 직원은 대수롭지 않게 "그런 기록 없는데요?" 했다. 그러면서 동양대에는 출입하는 차량 수가 적고 불법주차도 거의 없어서 차량 출입 관리에 그다지 신경 쓰지 않는다고 했다. 차량 차단기도 아예 열어둔다고 했다. 그러면 경비원은 출입 차량이 교직원 차량인 줄 어떻게 알아요?

"그냥 얼굴 보면 알아요."

딱히 할 말이 없었다. 하긴 3,000여 명이 근무하는 국회의원회관 구둣방 아저씨도 그냥 구두만 봐도 어느 의원실 누구 구두인지 안다고 하니 그럴 수 있겠다 싶었다. 여기서 포기해야 하나, 잠시 고민했다. 전화 끊기가 아쉬워서 마지막으로 정경심의 차종이 뭐냐고 물었다.

"BMW요."

다시 물었다. 은색 BMW라고 했다. 3시리즈인지 5시리즈인지 물었다. 글쎄, 차가 큰 거 같기도 하고 작은 거 같기도 하고… 자신 없는 말투로 답했다. 계속 BMW만 탔어요?

"아뇨 나중에 제네시스로 바꿨어요."

사실 BMW나 제네시스 그 자체는 전혀 문제가 아니다. 누구나 능력이 있으면 고가 차량을 몰 수 있다. 문제는 두 대 모두 조국의 인사청문회 재산목록에 없어 '스폰' 등 의혹을 불러일으킨다는 점이다. 리스나 렌탈 차량일수도 있지만 제3의 가능성도 있다. 당시 정경심 사모 펀드에 여러 의혹이 제기되고 있을 때였다. 직원에게 차량 번호를 알려달라고 했지만 거부했다. 전화기를 붙들고 어르고 달래 봤지만 꿈쩍도 하지 않았다. 목적지 바로 앞에서 도로가 끊겨버렸다. 다른 방법을 찾자.

경비원에게 직접 물어봤다. 대학 정문에서 일하는 경비원은 모든 출입 차량을 파악하고 있을 터다. 동양대 내선 번호를 타고 몇 번 들어가서 겨우 연결이 됐다. 그는 정 교수 차량 번호를 절반만 알고 있었다. 왜 차량 번호를 절반만 알아요? 굳이 다 알 필요가 없기 때문이라고 했다. 네 자리 숫자 중 두 자리만 안다는 게 오히려 더 부자연스러웠지만 더 이상 파악은 불가능했다.

차종과 색상, 절반의 차량 번호로 무엇을 알 수 있을까? 평소 친분 있던 사회부 기자에게 연락했다. 경찰에 차적 조회를 부탁해 보겠다고 했다. 다음날 아침 일찍 연락이 왔다. 예전에는 차적 조회가 가능했는데 2018년 2월 강남경찰서 경찰이 개인적인 일로 차적 조회를 했다가 「개인정보보호법」 위반으로 벌금 1,500만 원을 받은 이후로는 차적 조회가 불가능하다고 했다. 그렇다면 직접 알아보는 수밖에.

토요일 오전 김동현 비서관을 조국의 방배동 삼익아파트로 보냈다. 4동짜리 소규모 아파트였다. 김 비서관은 오전 내내 단지를 돌며 제네시스 차량 번호를 확인했다. 차량 앞 유리에 붙어 있을지도 모를 동양대 스티커도 확인하라고 했다. 김 비서관으로부터 전화가 왔다.

보좌관님, 안 될 거 같습니다. 첫째, 아파트에 제네시스가 너무 많고 둘째, 차량을 확인하는 동안에도 제네시스가 수시로 드나들고 셋째, 정경심 제네시스가 아파트가 아닌 다른 곳에 주차됐을 가능성도 있기 때문이라고 했다. 조국 사태로 의원실 전 직원이 밤낮없이 일하는 상황이어서 의심 차량이 나타날 때까지 계속 기다릴 수 없었다. 결국 차량 확인에 실패했다.

정경심이 정말 BMW를 몰고 다녔는지, 언제 제네시스로 바꿨는지, 이 차들은 구매한 건지 리스한 건지, 그렇다면 그 비용은 어디서 나온 건지 등등 확인하고 싶은 게 너무 많았으나 여기서 멈춰야 했다. 하지만 정경심이 몰았다는 고가의 차량은 납세 관련 의혹을 남겼다. 인사청문회 자료 '지방세 세목별 과세증명서'(2014~2019)에 따르면 조국 부부는 아반떼, QM3, SM6에 대한 자동차세 등 세금을 납부한 것으로 확인된다. 그런데 BMW, 제네시스 관련 세금 납부 흔적은 보이지 않는다. 도대체 뭘까? 누군가로부터 차량을 지원받아 무상으로 사용했다는 말인가?

나중에 알게 된 사실이지만 BMW는 조국도 가끔 이용했다. 서울대 법대 관계자에 따르면, 평소 검소와 청렴을 강조하던 조국이 BMW를 몰고 학교에 나타나자 학생들 사이에 금세 소문이 났다고 한다. 그런데도 조국은 자신의 책 『조국의 시간』과 2021년 6월 6일 페이스북을 통해 "저희 가족은 외국 유학 시절 외에 외제차를 타 본 적이 없다"고 했다. 조국은 굳이 하지 않아도 될 말을 하는 데 거리낌이 없었고, 금방 탄로 날 거짓말도 망설이지 않고 예사로 했다. 정경심도 다르지 않다. 자신의 시집(詩集) 『나 혼자 슬퍼하겠습니다』에 수록된 「나는 보수주의자」에서 "나는 차 바꾸는 것도 싫어하고"라고 썼다. 정말 그럴까. 정경심은 공동명의로 아반떼와 QM3를, 개인 명의로 SM6를 보유했고, 몰고 다닌 차는 BMW와 제네시스라고 한다. 총 5대. 그런데도 자신은 차 바꾸는 것이 싫다고 하니, 이 무슨 인지부조화인가. 조국과 정경심은 과거 인연을 맺은 수많은 동료와 시인, 학생들이 나중에 자신들의 이중성과 치부를 증언하고 제보할 수 있다는 것을 전혀 생각하지 못한 듯했다. 아니면 세상을 완벽히 속일 수 있다고 자신했거나.

조민은 『오늘도 나아가는 중입니다』에서 아버지에게서 물려받은 파란색 아반떼와 아버지가 타는 초콜릿색 QM3만 언급했다. 부모님이 몰았다는 고가의 차에 대해서는 전혀 언급하지 않았다. 도대체 정경심이 몰았다던 BMW와 제네시스는 무엇인가?

22
정경심 교수의 무급휴직

    정경심이 2019년 9월 7일 새벽 사문서위조 혐의로 기소됐다는 보도가 나왔다. 사문서위조 공소시효 만료가 9월 6일 자정이라서 그 전에 검찰이 기소했다는 것이다.

    교직원이 기소되면 대학은 후속 조치로 인사위원회를 열어야 한다. 이 경우 보통 직무정지 또는 직위해제 등의 조치가 내려진다. 동양대도 마찬가지일 것이다, 라고 예측하고 인사위원회 회의록 자료제출을 요구했다. 동양대는 자료제출을 명확하게 거부하지는 않았지만, 그렇다고 언제까지 제출하겠다고 밝히지도 않고 시간을 끌었다. 정경심이 자신과 관련한 자료를 국회에 제출하지 말라고 한 이후 동양대 자료 담당자들은 국회에 비협조적으로 나왔다.

    동양대는 시간을 끌어서 자료제출 요구가 흐지부지되길 바라겠지만 그런 일은 없다. 휴대전화의 문자 예약 기능 때문이다. 지금도 이 기능을 유용하게 사용하고 있는데, 당시 수십 개의 자료제출 요구서를 동시에 보내고도 놓치지 않고 자료를 챙길 수 있었던 이유는 휴대 전화의 문자 예약 기능 덕분이다.

'국회의정자료시스템'을 통해 피감기관에 자료제출 요구서를 보내면 시스템에 자료 담당자의 이름과 연락처가 뜬다. 그리고 휴대전화 문자 기능에 들어가 '안녕하세요? 이준우보좌관입니다. 0월 0일 요구한 자료 오늘 제출 가능할까요?'라고 입력하고 3~4일 뒤 자동 발송되게 예약을 걸어둔다. 그러면 며칠 뒤 이 문자를 받은 담당자에게서 꼭 답문자나 전화가 온다. 별거 아닌 기능이지만 동시에 여러 업무를 처리할 때 매우 유용하다. 그런데 이번에는 통하지 않았다. 담당자가 전화나 문자에 전혀 응하지 않았다. 결국 '말할 듯 말하지 않으면서도 그렇다고 전화도 끊지 않는' 직원에게 연락했다.

구체적으로 알려주었다. 인사위원회가 정 교수의 '직위해제'를 검토했으나 정권 눈치가 보여서 결국 '교수직 유지'하기로 결정했다는 것이다. 김형원 기자에게 내용을 알려주면서 인사위원회의 회의록 제출도 독촉 중이라고 했다. 김 기자는 인사위원들의 생생한 멘트가 있으면 좋겠다고 했다. 알아보기로 했다.

규정도 살펴보았다. 규정을 위반하면서 교수직 유지를 결정했을 가능성 때문이다. 동양대 현암학원 「정관」 제44조 1항에는 '형사 사건으로 기소된 교원에 대하여 직위를 부여하지 아니한다'고 규정돼 있다. 하지만 상위법인 「사립학교법」 56조의 2항은 '형사 사건으로 기소된 교원에 대하여 직위를 부여하지 아니할 수 있다'고 규정하여 대학에 재량권을 부여하고 있었다.

상위법이 재량권을 부여하는데 하위법이 재량권을 거부하고 명확한 입장을 가지는 경우, 하위법 규정에 따르는 것이 합리적이다. 하지만 인사위원회가 뜻을 모아 상위법에 따르겠다고 결정하는 것도 명백히 규정 위반이라고 할 수 없는, 모호한 상황이었다.

동양대는 자료제출을 하지 않고 버텼다. 어쩔 수 없다. 법에 보장된 권리를 최대한 활용하는 수밖에. 다시 자료제출 요구서를 보냈다.

자료제출에 응하지 않을 경우 고발 조치할 계획이니, 금일 오후 5시 30분까지 제출해 주시길 바랍니다.

그날 저녁 7시경 자료가 제출됐다. 속기록이 아닌 요약본이었지만 핵심 내용은 담겨 있었다. 2019년 9월 16일 7명의 인사위원이 동양대 「정관」에 따라 정경심 교수를 직위해제하고 급여 8할을 지급하는 방안을 논의했다. 또 정 교수가 제출한 병원 진단서 사유만으로는 1년 병가 휴직을 수용하기 어렵다는 문제도 논의도 했다. 여기까지는 합리적으로 논의한 것처럼 보인다.

인사위는 그러나 잘 논의하다가 갑자기 상위법인 「사립학교법」에 따라, 직위해제를 하지 않기로 하고 대신 무급휴직하기로 최종 의결했다. 무슨 이유에서일까. 다음날 직원과 통화했다. 인사위원회가 열리기 전 동양대는 정 교수에게 연락해 대략적인 상황을 설명했다고 한다. "병원 진단서 사유만으로 1년 병가 휴직이 어려울 거 같다고 하자, 본인이 먼저 무급휴가 얘기를 꺼냈다"고 했다. 그래서 회의 분위기가 직위해제가 아닌 무급휴직으로 쏠렸나요?

"한쪽으로 쏠렸죠. 왜냐하면 학교 입장에서는 조국이 대통령 다음 아닙니까, 그런 분위기였으니까 우리가 (직위해제를) 못했죠. 그냥 흐르는 대로 가자, 그 상태다 보니까 본인이 신청한 대로… 본인이 근무하겠다고 하는 것도 아니었고… 실제로 근무가 되겠습니까"

충격이었다. 조국은 대한민국 역사에 유례없는 사유로 국론을 분열시킨 당사자다. 그런데도 동양대는 조국의 위용을 현재 진행형이자 미래형으로 두려워하고 있었다. 내용을 정리해서 김 기자에게 알려주었다. 김 기자도 깜짝 놀라며 진짜냐고 여러 번 되물었다. 인사위원 발언이 너무 세서 후달린다고 했다.

다음날 10월 23일 〈조선일보〉는 "'조국이 文 대통령 다음 아니냐… 그냥 놔두자' 동양대, 보복 두려워 성경심 직위해제 안했다'라는 제목으로 보도했다.

참고로 정경심은 무급휴가 처리된 동양대에서는 전혀 소득이 없었지만, 징역 4년을 확정받아 수감 중일 때는 영치금으로 상당한 소득을 올렸다. 법무부 자료와 법조계 등에 따르면, 정경심은 2021년 1월부터 2023년 2월까지 2년여간 2억 4,130만 원의 영치금을 받았다. 1년에 1억 2,000만 원씩 받은 셈인데 동양대 연봉보다 많은 수준이다. 정경심은 시집(詩集) 『나 혼자 슬퍼하겠습니다』에서 영치금으로 극세사 이불을 사서 따뜻하게 겨울을 나고, 선크림, 탈모약, 과일 등을 샀다고 했다. 당시 조국 가족은 예금 34억 4,000만 원을 가진 현금 부자였다(인사청문회 자료 기준). 굳이 영치금이 아니어도 겨울을 따뜻하게 보낼 수 있었을 것이다.

웅동학원

23

웅동학원의 절묘한 자금 빼돌리기는 누가 설계한 것일까?

학교법인 웅동학원은 조국의 아버지 조변현 이사장을 비롯해 조국, 정경심, 조권의 동서 등이 이사로 재직했거나 재직 중이고, 정경심의 오빠 정○○, 조권의 외삼촌 박○ 그리고 조권 본인이 웅동학원 행정실장으로 활동한 전형적인 족벌 사학이다. 일가친척으로 운영되는 학교법인은 부패의 온상이 되기 쉽다. 대표적인 사건이 공사대금 '셀프 소송'이다.

웅동학원 이사장은 1996년 1월 웅동중학교 이전 신축공사를 자신이 대표로 있던 〈고려종합건설〉에 맡겼다. 이 공사의 하도급을 다시 조국 동생 조권이 대표로 있는 〈고려시티개발〉이 맡았다. 공사대금은 16억 원이었다. 하지만 이듬해 〈고려종합건설〉이 부도가 났고, 〈고려시티개발〉은 은행 빚 9억 5,000만 원을 갚지 못해 공사대금 보증을 선 기술신용보증기금이 이 돈을 대신 갚았다. 웅동학원이 연체이율 연 24% 지불각서를 써주었고 10년 동안 갚지 않자 공사대금은 52억 원으로 늘었다.

조권은 페이퍼컴퍼니 〈코바씨앤디〉를 만들어 42억 원을 넘기고 나머지 10억 원은 전 부인에게 넘겼다. 2006년 10월 31일 〈코바씨앤디〉 등은 웅동학원을 상대로 공사대금 소송을 제기했고, 웅동학원이 변론을 포기하자 2007년 2월 확정판결을 받아 52억 원의 채권을 확보했다. 여기까지 보면 평범한 공사대금 관련 민사소송처럼 보인다. 그러나 내막은 달랐다. 2006년 11월 10일 웅동학원은 이사회를 열어 학교법인 사무국장을 새로 임명했는데, 바로 조권이다. 조권의 〈코바씨앤디〉가 웅동학원에 52억 원을 달라고 소송을 제기한 지 10일 만이었다. 원고와 피고가 같은 이른바 '셀프 소송'이 된 것이다. 웅동학원은 이후에도 공사대금을 갚지 않았고 이자는 12년 동안 계속 불어나 2019년 100억 원대로 늘었다. 10억 빚이 23년 만에 100억대가 된 것이다. 누가 봐도 이상한 소송이고 채무다.

2006~2007년 공사대금 소송재판이 이뤄졌을 때, 이사회는 재단 운영에 중대한 영향을 주는 문제이므로 공식적으로 논의할 수밖에 없었다. 그렇다면 당시 이사회 회의록에 이 문제를 논의하고 의결한 기록이 남아 있을 것이다. 1999~2009년까지 웅동학원 이사로 활동한 조국이 이 상황에 어떤 법적 조언을 했는지도 확인할 수 있을 것이다.

경남교육청에 당시 이사회 회의록과 감사결과 보고서 자료제출을 요구했다. 교육청은 웅동학원이 자료제출을 하지 않는다고 했다. 웅동학원에 전화했다. 결재 중이라고 했다. 계속 독촉하니 나중에는 아예 연락을 받지 않았다. 경남교육청은 정권의 눈치를 보는 건지, 웅동 학원 자료 제출에 소극적이었다. 자료제출 거부로 고발하겠다고 하자 그제서야 2008년 웅동학원 감사결과 보고서를 제출했다. 회의록은 결국 받지 못했다.

감사결과 보고서에 따르면, 웅동학원은 2006년부터 2008년 11월 18일까지 총 27차례 이사회를 개최하면서 이사회 회의록 18건을 공개하지 않았다. 나머지 9건은 최대 7개월 뒤에 재단 홈페이지에 올렸다. 이사회를 열면서 이사에게 사전 통지하지 않은 문제도 적발됐다. 이 기간 동안 웅동학원 이사회가 무언가 감춰야 했고, 여기에 비협조적인 이사는 배제하고 은밀하게 논의했다는 의미다. 공교롭게도 이 기간은 〈코바씨앤디〉의 소유자이자 웅동학원 사무국장인 조권이 웅동학원에 공사대금 청구소송을 제기한 때다. 때문에 이사회가 규정을 위반하며 회의록을 공개하지 않은 이유는 회의록에 남아 있는 짜고 치는 '셀프 소송'의 흔적을 숨기기 위해서라는 합리적 추정이 가능하다.

「사립학교법」 시행령(제8조의 3)과 웅동학원 「정관」(제34조의 2)에 따르면, 이사회는 회의가 끝나고 10일 안에 회의록을 올려 3개월간 공개해야 한다. 사학재단 운영의 투명성을 높이기 위해서다. 웅동학원은 이를 위반했다.

손현성 기자에게 자료를 보냈다. 2019년 8월 23일 〈한국일보〉에 '웅동학원, 이사회 회의록 숨겼다가 교육청서 '주의''라는 제목으로 보도됐다.

또 다른 부패 사례는 웅동학원 테니스장 건립 공사다. 1996년 1월 웅동학원은 〈고려시티개발〉에 테니스장 토목공사를 맡겼다. 공사대금은 6억 3,200만원이고 웅동학원이 수익용 재산을 매각하여 공사비를 지급하기로 했다. 하지만 이 공사도 허위였다. 테니스장은 만들어지지 않았고, 재판정에 나온 웅동학원 관계자들도 테니스장 공사를 한 적이 없다는 취지로 증언했다. 이 공사대금은 어디로 갔을까?

조권은 웅동학원 자산을 빼돌리려 한 '배임 미수' 혐의도 받았다. 2007년 7월 조권은 부산 수영구 어느 빌딩 공사 시행권을 인수하는 명목으로 안○○으로부터 14억 원을 빌렸다. 이때 조권은 '셀프 소송'으로 확보한 채권을 담보로 맡겼다. (이사장의 아들이 하는 일이니까) 당연히 웅동학원은 이를 승낙해준다. 그런데 조권은 이 돈을 갚지 않았고 2010년 안○○은 웅동학원의 수익용 자산에 압류를 걸었다. 조권이 전 부인과 이혼했을 때가 압류 걸리기 1년여 전인 2009년 4월인데 검찰은 14억 채무 변제를 피하기 위한 '위장이혼'으로 의심했다. 정황도 있다. 조권의 2심 판결문에 따르면 두 사람은 '조권이 언제든지 결혼을 요구할 시 ○○○(전 부인)은 응해야 한다'는 내용의 합의서를 작성했다. 정상적인 이혼이라면 한쪽이 아무 때나 요구하면 다시 합칠 수 있다는 합의서를 작성할 리가 없다. 또 부산에 사는 조권 지인들도 실제로는 조권이 전 부인과 함께 살고 있다고 제보했다. 어쨌거나 조권이 14억 원을 갚지 않아 학교법인 자산에 가압류가 걸린 거는 웅동학원 입장에서는 심각한 문제다. 그런데도 웅동학원은 이와 관련해 이사회를 소집하지도 않고, 이사회에 어떠한 보고도 하지 않았다. 심지어 최소한의 방어 조치인 가압류 이의신청 등 민사소송도 전혀 진행하지 않았다. 이것은 무엇을 의미할까? 조권이 웅동학원과 모의하여 애초 14억 원을 떼어먹으려 했던 것일까, 아니면 조권이 행정실장의 직위를 이용하여 웅동학원 자산을 배임하려 했던 것일까.

여기에 대한 답은 사라진 당시 이사회 회의록에 있을 것이다. 조권은 검찰 압수수색 당하기 하루 전인 2019년 8월 26일 새벽 2시 해운대 아파트 등에 있던 각종 서류를 회사 사무실로 옮겼다. 그리고 직원들을 시켜 사흘 전부터 준비한 문서세단기로 소송 서류 등 조국 일가 의혹 관련 자료들을 4시간에 걸쳐 파쇄했다. 엄청나게 많은 증거를 없앴다는 의미일 것이다. 이사회 회의록도 이때 파쇄됐을까?

24
웅동학원 빚이 100억이 되어도 교육청이 몰랐던 이유

학교법인 웅동학원의 부채가 100억 원대로 늘어나는 사이 조국 개인의 재산은 오히려 크게 늘었다. 1997년 12월 미국에서 귀국한 지 한 달여 만인 1998년 1월 조국은 송파구 아파트를 2억 5,000만 원 경매로 매입한다. 당시 아버지가 운영하던 〈고려종합건설〉은 웅동중학교 이전 공사를 하다 부도가 났고 공사대금 10여억 원은 기술신용보증기금이 대신 갚았다. 만약 〈고려종합건설〉이 이 갚지 않은 10여억 원을 가지고 있었다면 조국의 아파트 경매 매입 자금으로 흘러갔을 수 있다. 미국에서 돈을 벌어 온 건 아니기 때문이다. 2003년 5월 조국은 송파구 아파트를 5억 8,000만 원에 매각하고 방배동 삼익아파트를 7억 원에 매입했다. 이로부터 16년이 흐른 뒤 조국의 재산은 얼마가 됐을까.

2019년 8월 14일 조국이 국회에 제출한 인사청문회 자료를 보면 56억 4,244만 원이다. 이 중 예금이 34억 4,347만 원으로 전체의 61.0%를 차지했다. 조국이 울산대에서 교수 월급을 받기 시작한 때가

1999년이다. 정경심이 동양대에서 월급을 받기 시작한 때는 2011년이다. 각자 미국, 영국으로 유학도 다녀오고, 자녀들도 해외에서 거주했고, 교육비와 양육비도 들었을 텐데 어떻게 이렇게 많은 재산을 가질수 있을까. 그것도 현금이 60%나 되는 재산을 말이다. 궁금하지 않을수 없다.

앞서 살펴본 것처럼 일가친척 중심으로 운영되는 족벌 사학 웅동학원은 공사대금 처리나 자산운영이 매우 불투명했다. 조국의 56억 재산 형성 과정에서 웅동학원을 떼어놓고 생각하는 게 오히려 더 부자연스러울 정도였다. 웅동학원 부채 내역을 자세히 살펴보면 단서가나오지 않을까, 라는 생각이 들었다.

웅동학원 관리·감독 기관인 경남교육청에 문의했다. 충격이었다. 담당 직원은 웅동학원에 거액의 부채가 있는 사실 자체를 아예 몰랐다. 어떻게 모를 수 있나? 담당자는 법이 그렇다고 했다. 「사립학교법」에 따르면, 법인이 재산을 팔거나 증여, 교환, 용도 변경, 담보 제공할 때만 교육청에 신고하도록 돼 있고, 부채는 신고할 의무가 없었다. 웅동학원이 「사립학교법」의 이런 미비점을 악용했을 수 있었다. 법학 전공자인 조국이 관여했는지 더욱 규명이 필요한 순간이었다. 하지만 이사회 회의록은 사라졌고, 조권은 일가족의 소송과 관련된각종 서류를 모두 문서세단기로 파쇄한 뒤였다.

자료를 정리해 손현성 기자에게 연락했다. 8월 20일 〈한국일보〉1면 '조국 가족 운영 웅동학원, 채무 52억 교육청 신고 안 했다'는 제목으로 보도됐다. 거의 모든 매체가 인용 보도했다.

　이 일을 계기로 학교법인이 교육청에 신고해야 하는 법인의 기본 재산에 부채를 포함하는 것을 주요 내용으로 하는 「사립학교법」이 마련됐다(2021년 7월 23일 본회의 통과). 법인 기본 재산에 소송이 개시되어도 관할 교육청에 신고하도록 했다. '셀프 소송' 등으로 법인의 재산을 빼돌리는 것을 방지하기 위해서다. '조국 사태' 재발 방지를 위해 마련된 5번째 제도 개선이다.

25

웅동학원 '셀프 소송'의 숨은 의도는 결국 빚 안 갚기

웅동학원이 이런 번거로운 '셀프 소송'으로 무엇을 남기려고 했을까? 김봉수 성신여대 법대 교수는 자신의 SNS에서 상당히 설득력 있는 주장을 펼쳤다. 웅동학원은 조국 어머니 박 모씨가 이사장이고, 조국이 이사로 있던 시절, 무변론으로 대응하여 조권에게 100억대의 채무를 졌다. 당시 웅동학원은 〈한국자산관리공사〉에도 86억 원의 채무를 지고 있었다. 어떻게 하면 〈한국자산관리공사〉의 채무를 합법적으로 안 갚을 수 있을까? 지연이자율 차이를 이용하면 가능하다. 실제 〈한국자산관리공사〉의 지연이자율은 18%로 조권의 지연이자율 24%보다 낮다. 얼핏 보면 6%p 차이가 대수롭지 않아 보이지만, 긴 세월이 흐르면 복리 효과 때문에 최종적으로 웅동학원 재산을 청산할 때쯤이면 조권이 가지는 부분이 〈한국자산관리공사〉가 가지는 부분보다 훨씬 커지게 된다.

예를 들어 조권과 〈한국자산관리공사〉가 웅동학원의 채권을 절반씩 가지고 있고 각 지연이자율이 24%, 18%라고 치자. 10년 후에는 조권이 전체 채권의 63%를 가지게 되며, 20년 후에는 72%, 30년 후에는 81%를 가지게 된다. 최종적으로 〈한국자산관리공사〉 채무를 아예 안 갚을 수는 없지만, 합법적인 방법으로 거의 안 갚을 수는 있는 것이다.

이게 가능한 이유는 웅동학원이 조권에게 지연이자율 24% 지불각서를 써줬기 때문이다. 웅동중학교 테니스장 건립 공사대금 지연이자율도 24%였다. 웅동학원에서 이런 소송 설계가 가능한 사람이 누구일까? 지연이자율 24%는 누가 정했을까? 역시 사라진 이사회 회의록에 진실이 담겨 있을 것이다.

26

웅동학원 교사 채용 대가 2억

2019년 8월 22일 〈문화일보〉 1면 톱으로 '조국 동생, 웅동中 교사 2명 1억씩 받고 채용'이라는 제목의 기사가 보도됐다. 〈문화일보〉가 자체 취재한 기사다.

며칠 뒤 관련 제보 전화가 왔다. 자신을 조권 전 웅동학원 사무국장에게 돈을 전달한 브로커의 선배라고 소개했다. 그는 신문에 보도되지 않은 내용을 들려줬다. 2016~2017년 후배(브로커)가 언제, 어느 호텔 로비에서 조권을 만나 돈을 전달하고 교사 채용 시험지와 답안을 받았는지 상세히 들려줬다.

자신이 〈문화일보〉에 폭로한 이유는 배신감 때문이라고 했다. 조권은 돈을 받고 대가로 후배에게 웅동중학교 축구부를 신설해 감독직을 맡기겠다고 약속했다고 한다. 그런데 몇 년이 지나도 차일피일 미루기만 하더니 어느 날 "자기 형님이 청와대 민정수석으로 가게 되어 조심해야 한다"며 아예 연락을 끊더라는 것이다. 4년 동안 그 약속을

믿고 다른 일도 안 하고 축구부 생기는 날만 손꼽아 기다렸는데 허무하게 끝나니 기다린 세월에 화가 나고 괴로워서 언론에 알렸다고 했다.

경남도교육청에 자료제출 요청을 해 웅동학원 이사회 회의록을 확인했다. 회의록에는 당시 돈을 주고 채용된 것으로 의심되는 교사가 있었다. 채용 시기와 교과목을 종합해 해당 교사를 특정했다. 교사 채용은 재단 이사회 의결사항이기 때문에 반드시 이사회 회의록에 흔적이 남는다.

웅동중학교에 문의했다. 해당 교사는 병가를 내고 학교에 나오지 않는다고 했다. 제보자에게 다시 연락했다. 현재 학교에 나오지 않는 ○○○ 교사가 조권에게 돈을 주고 채용된 교사가 맞느냐고 물었다. 맞다고 했다. 그 교사는 〈문화일보〉에 자신과 관련한 기사가 나가자 스트레스를 받아 주변에 하소연했다고 한다. 그거를 어떻게 아느냐고 묻자 의외로 단순한 답이 돌아왔다. 해당 교사의 어머니가 자식이 걱정되어 주변에 하소연했고 그게 자기 귀에 들어왔다는 것이다. 제보자는 자기 동네가 좁다고 했다. 돈을 따라가 보기로 했다.

조권이 교사 채용 대가로 받은 2억여 원은 어디로 흘러갔을까. 쉽지 않았다. 이사회 회의록을 꼼꼼히 읽어봐도 단서를 찾을 수 없었다. 웅동학원 사업비나 재단 기부금 등으로 흘러갔을 가능성을 염두에 뒀지만 회의록에서 그런 흔적을 찾을 수 없었다. 아니면 개인적으로 챙겼거나, 위에 전달했거나, 누군가와 나눠 가졌을 수도 있지만 어쨌거나 자료로는 확인할 수가 없었다.

다만 조권 개인 비리가 아니라는 정황은 명백했다. 2019년 10월 15일 〈채널A〉 '웅동중학교 교사 채용비리 시험지 '동양대'가 출제' 보도에 따르면, 교사 채용 시험 문제가 조국의 아내 정경심 교수가 근무하는 동양대에서 출제됐고(영어문제는 정경심 교수가 출제), 조권이 채용 브로커에게 전달한 시험지와 답안지가 모친인 박 모 웅동학원 이사장의 집에서 나왔다. 이런 점을 고려하면 조권이 받은 2억여 원이 웅동중 교사 채용 결정권자 또는 시험지 유출경로에 있는 다른 누군가에게 흘러 들어갔을 가능성이 컸다. 수사기관도 이를 염두에 두고 수사를 확대했다.

문제는 증거다. 인사 비리는 당사자들만의 내밀한 거래이므로 배신당한 쪽이 자백하지 않는 한 실체를 밝히기 매우 어렵다. 당시 2억여 원을 주고 시험지와 답안지를 받은 지원자 2명은 모두 만점을 받고 교사로 채용됐다. 다른 지원자 40여 명은 이런 사실을 전혀 모른 채 응시했다 탈락했다.

수사 결과 조권의 2억여 원 수수는 개인 비리로 결론이 났다. 재판부는 그 윗선인 모친 박 모 이사장이나 시험 출제자인 조국, 정겸심 부부와 무관한 것으로 봤다. 조권은 2021년 12월 징역 3년을 확정받고 복역하다 80% 이상 형을 채워 2023년 5월 17일 가석방됐다.

어린 시절, 조권은 부산에서 나름 유명했다. 주변에 공부 잘하는 형 자랑을 많이 해서 '전교 1등 조국 동생' 조권으로 많이 알려졌다. 조권은 형과 달랐다. 학창 시절 친구들과 어울려 놀기를 좋아하고 오토바이를 타고 다니며 자유분방한 학창 시절을 보냈다고 한다. 동아대에 들어갔을 때는 주변에서 용케 대학에 들어갔다는 말이 나올 정도였다고 한다. 조권에게 형은 우상이자 미래의 권력자이기도 했다. 형이 민정수석이 되자 어느 날 친구들에게 "다음에 우리 형이 대통령이 될 거다, 너거들 필요한 거 있으면 얘기해라"라고 자랑했다고 한다. 폼잡는 것도 빠지지 않았다. 친구들과 술을 마실 때는 항상 벤츠를 끌고 나왔다고 한다. 웅동학원 사무국장 월급으로는 감당하기 쉽지 않아 보인다. 조권은 당시 무슨 돈으로 벤츠를 끌고 다녔을까. 조국은 자신의 책 『디케의 눈물』에서 웅동학원과 조권 사무국장 의혹에 대해서는 어떠한 해명도 하지 않았다. 정경심은 시집(詩集) 『나 혼자 슬퍼하겠습니다』에서 반백의 머리가 된 시동생(조권)이 형과 함께 면회를 와 펑펑 울고 갔다고 했다.

조국 민정수석

27
청와대의 울산시장 선거개입

    조국 사태가 한창이던 2019년 말 청와대의 선거개입 의혹이 제기됐다. 11월 27일 김기현 전 울산시장은 국회에서 기자회견을 열었다. 2018년 6·13 지방선거 직전 청와대의 하명수사가 있었고 이 때문에 자신과 가족이 경찰 수사를 받고 낙선했다는 것이다.

    다음날 청와대는 부인했다. 민정수석실에 우편으로 제보가 들어와 반부패비서관을 통해 밀봉 상태 그대로 경찰청에 이관했다고 했다. 하지만 6일 만에 말을 바꾸었다. 12월 4일 고민정 청와대 대변인은 "캠핑장에서 우연히 만난 사람이 민정수석실 문 모 행정관에게 제보한 것"이라고 했다. 자체 조사 결과라고 덧붙였다. 자체 조사 결과라고? 의심스럽다.

    결국 거짓 해명으로 드러났다. 백원우 민정비서관의 지시로 문 모 행정관이 울산으로 내려가 제보자를 만난 것이었다. 제보자는 다름 아닌 더불어민주당 송철호 울산시장 후보의 최측근인 송병기였다. 백원우 비서관과 송병기 사이에 김기현 낙선을 위한 모종의 얘기가 오갔고, 문 행정관은 실무자 자격으로 울산에 내려가 제보 문건을 받아온 것이었다. 이런 제보는 내용이 조작되거나 오염되었을 가능성이 매우 크다. 애초 불순한 의도로 만들어진 문건이기 때문이다. 청와대가 만약 이를 근거로 공권력을 행사했다면 더 심각한 문제다. 공직선거법은 공무원 등이 직무 또는 지위를 이용해 선거에 영향력을 행사하면 5년 이하 징역 또는 2,000만 원 이하 벌금에 처하도록 하고 있다. 대통령도 예외가 아니다.

청와대 해명과 관련해 재밌는 일화가 있다. 청와대는 초기에 고민정 대변인을 통해 문 행정관과 제보자가 캠핑장에서 우연히 만난 사이라고 해명했는데 알고 보니 그 캠핑장은 송철호 후보 '선거캠프'였다. 고 대변인은 캠핑장과 선거캠프도 구별 못 하냐는 여론의 빈축을 샀다. 순간적으로 기지를 발휘한 건지 아니면, 누군가의 지시에 의한 건지 알 수 없으나, 청와대의 대응 수준치고는 어이가 없었다.

청와대의 거짓 해명은 조국의 해명 방식과 닮았다. 조국은 2019년 8월 인사청문요청안이 국회로 전달된 후 아내 정경심의 사모펀드 의혹이 제기되자 "지인의 추천으로 투자했다"고 해명했다. 알고 보니 지인은 다름 아닌 5촌 조카였다. 웅동학원 의혹 해명도 마찬가지다. 조국은 수차례 "전혀 관여하지 않았다"고 했다. 그러나 얼마 뒤 조국이 웅동중학교 사회과목 교사 채용 시험문제를 직접 출제했고 웅동학원 이사회 임원으로 10년 동안 활동한 사실이 드러났다. 아내 정경심도 웅동중 영어과목 시험문제를 출제했고 웅동학원 이사회 임원으로 활동한 사실이 드러났다. 청와대와 조국 모두 금세 드러날 거짓말을 아무렇지도 않게 하는 게 너무나 닮았다.

어쨌거나 송병기가 전달한 제보는 청와대에서 재가공되어 경찰청으로 넘어갔다. 재임 중이던 김기현 울산시장 공약은 폐기하고, 더불어민주당 송철호 후보의 공약은 실현한다는 계획도 세웠다. 송병기의 수첩에는 이런 메모가 적혔다.

2017년 10월 10일 서울 지역균형발전위

단체장 후보 출마 시, 공공병원(공약),

산재모(母)병원 → 좌초되면 좋음

2017년 10월 13일

송 장관 BH 방문 결과(10월 12일)

공공병원 대안 수립 시까지 산재모 추진 보류

→ 공공병원 조기 검토 필요

해석하면 이렇다. 송병기는 10월 10일 청와대 인사를 만나 송철호의 공공병원 공약을 실현시키고, 김기현의 산재모(母)병원 공약을 좌초시키는 안을 논의했다. 송철호는 그래도 불안했는지 10월 13일 직접 청와대를 찾아간다. 청와대 인근 식당에서 이진석 사회정책비서관과 장환석 대통령균형발전비서관실 선임행정관 등을 만나 산재모병원 예비타당성조사 발표를 자신들이 공약을 수립할 때까지 추진 보류해달라고 요청했다는 내용이다.

이날 모의한 것 중 일부는 그대로 실현됐다. 이듬해 6·13 지방선거를 20일 앞두고 기획재정부는 김기현의 공약인 산재모병원의 예비타당성 조사 탈락을 발표했고, 송철호는 TV토론회 등에서 이 점을 내세우며 김기현을 공격했다. 수첩에 산재모병원 "좌초되면 좋음"이라고 표기했던 부분이다.

D-DAY는 김기현 후보가 국민의힘 공천을 받은 2018년 3월 16일이었다. 이날 울산경찰청은 울산시청과 시장비서실 등 5곳을 압수수색했다. 당시 황운하 울산경찰청장은 제보를 수사하지 않으면 직무유기라고 해명했다. 뻔뻔하기 그지없다. 이날 압수수색 영장은 김기현 낙선을 목적으로 작성된 제보 문건이 없었으면 나올 수 없었던 영장이었다. 또 청와대가 울산지검에 압수수색 영장 발급 협조 요청을 하지 않았으면 나올 수 없었던 영장이었다. 심지어 송철호 후보는 직접 황운하 경찰청장을 만나 김기현에 대한 적극적인 수사를 요청하기도 했다.

공천받은 날 압수수색의 효과는 컸다. 바로 지지율이 하락했다. 2018년 2월 3일 한국갤럽 여론조사에서는 김기현 40%, 송철호 19.3%로 김기현이 두 배가량 앞섰으나, 압수수색 후인 2018년 4월 17일 리얼미터 여론조사에서는 김기현 29.1%, 송철호 41.6%로 역전됐다. 결국 송철호가 과반 이상 득표율로 울산시장에 당선됐다. 김기현은 선거를 도둑맞았고, 울산시민은 민주주의를 도둑맞았다. 도둑을 잡아야 한다.

나경원 원내대표실에서 청와대 선거개입 의혹을 조사해달라고 했다. 김기현 전 시장은 의원실로 찾아와 여러 증거와 증언을 상세하게 정리해 주었다. 정황은 청와대의 선거개입이 확실했다. 증거를 확보하기 위해 청와대와 경찰본청, 울산경찰청에 자료제출을 요구했다. 동시에 당차원의 고발장을 작성해 2019년 12월 5일 백원우 민정비서관 등 청와대 하명수사 관련자를 검찰에 고발했다.

청와대는 자료제출을 거부했다. 독촉 전화를 하면 전화를 아예 안받거나 전화를 받아도 그냥 알겠다는 식이었다. 민정수석실에 직접 확인할 테니 전화 연결을 해달라고 하면 막무가내로 거절했다. 청와대는 처음에는 '연락 두절'로 나오다가 독촉하면 '준비 중'이라고 하다가 나중에는 '결재 중'이라고 했다. 이렇게 한참 진을 빼고서야 겨우 답을 받았다.

해당 사항 없음

짧지만 명확했다. 자료제출 거부, 허위 답변 등으로 고발하고 싶었지만 국회에서 처리될 가능성이 없었다. 화를 꾹 참고 담당자에게, 뭐에 대한 해당 사항이 없다는 거냐, 고 물으니 중언부언했다. 각 질문

별로 명확하게 답변해 달라고 했다. 꼭 받아야 하는 자료는 청와대가 최초 접수한 4장짜리 제보문건과 청와대가 재가공하여 경찰청에 하달한 문건, 경찰청이 이를 다시 울산경찰청으로 하달한 문건 등 총 세 가지다. 각 하달 과정에서 문건이 수정, 조작됐을 가능성이 크다. 이 자료를 확보해 대조하려고 했다.

경찰청에서 답변이 왔다. 내용은 제출하지 않고 '범죄 첩보 하달'이라는 제목과 문건을 접수·하달한 날짜만 알려주었다. 투 트랙 전략을 쓰기로 했다. 김기현 전 시장이 검찰에서 피해자 조사를 받으면서 듣고 본 증거자료들을 언론에 공개하여 여론의 힘을 빌리기로 했다. 김 전 시장의 기억력은 매우 비상했다. 한 번 본 자료를 사진처럼 기억했다. 덕분에 자료 정리가 수월했다. 일정한 간격을 두고 청와대 선거개입 의혹을 공개했다. 모든 언론이 비중 있게 보도했다. 여론이 들끓었다. 청와대와 경찰청, 울산경찰청이 자료를 찔끔 제출하면 이를 단서로 관계자에게 탐문하여 퍼즐을 맞춰갔다.

조국 민정수석도 등장했다. 송병기 업무수첩에 조 수석의 발언이 적혀 있었다. '송철호 경쟁 후보가 선거에서 포기하도록 할 만한 카드가 있다'. 만약 조국이 이 발언대로 실행했다면 선거개입 공모자가 될 수 있다. 문재인 전 대통령 관련설도 제기됐다. 2014년 문 전 대통령은 과거 국회의원 시절 울산 국회의원 보궐선거에 출마한 송철호의 유세장을 찾아간 적이 있다. 이때 "나의 가장 큰 소원은 송철호의 당선"이라고 말했다. 4년 뒤 문 전 대통령은 대선에 당선되어 청와대 최고 의사결정권자가 되었고, 마침 청와대에서 울산시장 선거개입 의혹 사건이 발생했다면, 당연히 문 전 대통령의 관련 가능성을 배제할 수 없다. 박근혜 전 대통령은 선거개입으로 2년형을 받았다.

이때 제보자가 등장했다. 언론을 통한 청와대 선거개입 의혹제기가 효과가 있었다. 자신이 송철호 후보 선거캠프에서 일했다며 울산에서 조용히 만나자고 했다. 전화로 얘기해달라고 했으나 꼭 만나서 할 얘기가 있다고 했다. 며칠 뒤 울산으로 내려갔으나 어이없게도 연락이 끊겼다. 전화를 걸어도 받지 않고 문자를 보내도 답이 없었다. 날 골탕 먹이려는 건지, 갑자기 마음을 바꾼 건지 알 수 없다. 그날 약속장소에서 멀리서 자꾸 눈이 마주치는 사람이 있었는데 혹시 그 사람이었는지 모르겠다. 먼저 다가가 말이라도 걸어야 했는데, 아쉬운 마음이 컸다.

새로운 제보자가 나타났다. '공업탑기획위원회'를 언급했다. 처음 듣는 말이었다. 공업탑위원회는 2017년 8월 만들어졌는데 멤버는 송철호, 송병기를 포함해 총 6명이라고 했다. 모임 이름은 울산 남구에 있는 오피스텔 이름 '공업탑 하트랜드'에서 따왔고, 사무실 호수는 1602호, 1702호, 임대 계약자는 송병기 또는 송병기 부인 명의라고 했다. 송철호가 울산시장 예비후보로 등록할 때까지 아침 일찍 모여 선거 전략과 공약 개발, 선거캠프 인선 등을 논의했다고 했다. 나중에 울산부시장이 되는 송병기가 청와대를 방문한 시기도 이쯤이다. 내용이 구체적이어서 허위로 의심하기 어려웠다.

공업탑위원회가 만들어지고 3개월 뒤인 2017년 11월 송철호는 대통령 직속 지역균형발전위원회(지발위) 고문으로 위촉됐다. 위촉 당시 이 직책에 대한 근거가 없어 논란이 있었다. 나중에 문제가 될 것을 우려해 위원회는 12월 18일 뒤늦게 근거 규정을 만들었다. 청와대는 '문재인 대통령의 친구 송철호'를 위해 무엇이든 할 태세였다.

송철호는 이 직책을 선거에 활용했다. 2017년 11월 29일 한 지역방송과의 인터뷰에서 "(지발위는) 국가의 균형발전이라는 큰 정책, 틀을 대통령께 직접 보고드리고 자문을 드리는 기구"라고 했다. 송철호는 대통령과 직접 통하는 '힘 있는 시장 후보론'을 펼칠 수 있었다.

제보자에게 송병기의 역할이 무엇이냐고 물었다. 울산시 공무원 출신인 송병기가 공업탑위원회 모임을 주도했고, 사무실 월세와 운영비, 기타 잡비 등 모든 비용을 부담했다고 했다. 이 말대로라면 송병기는 청와대 선거개입 사건의 공동정범으로 공직선거법 위반뿐만 아니라, 정치자금법 위반 혐의도 받을 수 있다. 어떻게 이런 사실을 아느냐 물으니 자신은 공업탑위원회 멤버들과 친하다고 했다. 위원회는 2018년 2월까지 운영되었다고 했다. 제보자에게 방금 말한 내용을 문서로 정리해 달라고 했다. 제보자는 종이에 자필로 써서 사진을 찍어 보냈다. 제보자가 혹시 부인할 경우를 대비한 것이다.

공업탑 하트랜드 인근 공인중개소에 연락해 사무실 임대료를 파악했다. 월세는 55만 원 정도. 6명이 거의 매일 모여 회의를 하고 수개월 이상 운영되었다면 공업탑위원회는 단순히 송철호 선거 사전캠프 이상의 역할을 했을 것이다. 김기현 낙선을 위한 사전 정지작업과 청와대 백원우 민정비서관에게 전달할 제보 문건도 여기서 만들었을 가능성이 컸다.

내용을 정리해 이창훈 기자에게 전달했다. 2019년 12월 12일 〈세계일보〉는 "송병기 '김기현 첩보' 사무실 운영비 냈다"라는 제목의 기사로 보도됐다.

몇 년 뒤 송병기는 청와대 하명수사 건이 아닌 다른 건으로 구속됐다. 2014년 송병기가 울산시 교통건설국장이던 시절 미공개 아파트 개발정보를 이용해 시세차익을 챙긴 혐의였다. 2021년 12월 2심에서 징역 2년형을 받았다. 송병기는 이외에도 공무집행방해 혐의도 받았다. 공업탑위원회 멤버를 울산시 공무원으로 채용하기 위해 내부 자료를 유출한 혐의다.

청와대의 선거개입은 여야 구분이 없었다. 더불어민주당 당내 경선에서 송철호를 밀어주기 위해 유력한 경쟁자인 임동호 전 최고위원을 회유했다. 임동호는 2019년 12월 18일 〈경향신문〉과의 인터뷰에서 "한병도 청와대 정무수석이 공사 자리를 주겠다"며 울산시장 양보를 종용했다고 밝혔다. 명백한 후보자 매수 시도다. 송철호는 울산에서 민주당, 무소속, 민주노동당 등 수차례 당적을 바꿔 출마해 더불어민주당 내 입지가 약했다. 때문에 경선을 치를 경우 지지층 이탈 등이 우려되는 상황이었다. 그래서 꺼낸 카드가 경쟁 후보를 매수하고 경선 없이 송철호에게 공천을 주는 것이었다. 조국이 말한 '경쟁 후보가 포기하도록 할 만한 카드'가 이것으로 보인다. 문제는 매수 대가다. 임동호는 일본 오사카 총영사를 원했고, 청와대는 고베 총영사나 다른 공공기관장을 제안했다. 양측은 갈등을 겪었다. 송병기는 업무수첩에 당시 상황을 이렇게 적었다.

관철되지 않으면 송철호 흔들기를 계속한다.

임동호와 빨리 협의가 되지 않으면 (경쟁자들에 의한) 송철호 흔들기가 계속될 것으로 보고 염려한 메모로 보인다. 2018년 2월 12일 한병도 정무수석은 임동호에게 공기업 사장 4군데 중에 하나를 고르라고 최종 제안했다. 임동호는 결국 울산시장 경선을 포기했다. 후보 매수 성공. 이 모든 일이 문재인 전 대통령의 30년 지기 친구 송철호를 위해 벌어진 일이었다. 법치국가에서 국가권력의 사적 이용은 용납될 수 없다.

청와대 선거개입과 후보자 매수는 보안이 매우 엄격한 대통령비서실에서 이뤄졌다. 관련자가 부인하고 말을 맞추면 실체를 밝히기 어렵다. 검찰은 그럼에도 철저한 수사를 통해 2020년 1월 29일 송철호, 황운하, 송병기, 한병도, 백원우, 박형철 등 13명을 기소했다(나중에 2명 추가 기소). 이중 검사 출신인 박형철 청와대 반부패비서관만 유일하게 청와대의 불법성을 인정했다. 박 비서관은 처음부터 불법인지 알았으나 재선의원이자 상사인 백원우 민정비서관이 지시해서 어쩔 수 없이 제보 문건을 하달했다고 했다. 그러나 백 비서관은 박형철 비서관이 '괜찮다'고 해서 위법하지 않은 줄 알았다며, 박 비서관에게 책임을 떠넘겼다. 죄는 함께해도 처벌은 함께하기 싫은가 보다.

「공직선거법」 270조에 따르면, 선거법 사건의 경우 검찰 기소 후 6개월 이내에 선고해야 한다. 신속하게 판단하여 시민의 권리를 보장한다는 취지다. 하지만 이 사건은 '친문' 검사 이성윤 서울중앙지검장의 기소 결재 세 차례 거부 등 기소 지연과 '친민주당 성향' 김미리 부장판사의 재판 지연 등으로 선고까지 3년 10개월이 걸렸다. 2023년 11월 29일 서울중앙지법은 송철호와 송병기, 황운하에게 징역 3년을 선고했다. 백원우에게는 징역 2년, 청와대의 불법성을 인정한 박형철에게는 징역 1년에 집행유예 2년을 선고했다. 재판부는 백원우가 "'첩보 이첩은 다른 비서관(박형철)이 결정한 것'이라고 주장하는 등 범행을 뉘우치지 않는다"며 이례적으로 공개 질책했다. 울산에 내려가 송병기에게서 허위 첩보 문건을 받아온 문 모 행정관은 징역 10개월에 집행유예 2년을 받았다. 기소된 15명 중 12명이 유죄를 받았다.

하지만 울산시장 선거 후 5년 4개월 지나 1심 판결이 나오는 바람에 송철호는 울산시장 임기 4년을 모두 채웠다. 황운하도 21대 국회의원 임기를 채울 것이 확실하다. 항소심과 상고심이 남았기 때문이다. 범죄자들이 유죄 선고를 받았지만, 범죄수익은 다 누렸다.

특이하게도 조국은 이 사건에서 무혐의 처분을 받았다, 가 아니라 받은 적이 있다. 2021년 4월 9일 검찰은 증거 부족 등을 이유로 조국에게 무혐의 처분을 내렸다. 조국은 이날 자신의 SNS에 '이제서야' 단 네 글자를 올렸다. 억울한 누명이 '이제서야' 풀렸다는 원망, 분노 등이 섞인 반응일 것이다. 그러나 청와대의 울산시장 선거개입이 유죄로 판결나자, 한 시민단체가 조국과 임종석을 「공직선거법」 위반 등의 혐의로 고발했다. 2024년 1월 18일 서울고검은 기존 수사기록과 공판기록, 최근 법원 판결, 시민단체 고발장 등을 검토한 결과 재수사를 결정했다. 수사 대상은 조국 전 수석, 임종석 전 비서실장, 이광철 전 민정비서관, 송철호 전 울산시장, 송병기 전 울산시경제부시장 등 5명이다. 조국과 임종석의 주요 혐의는 ▲송철호의 단독공천을 위해 경쟁 후보자 사퇴에 관여한 것과 ▲김기현 전 울산시장에 대한 '하명 수사'에 관여한 것 등이다.

판결이 나왔음에도 이 재판은 크게 논란이 됐다. 우선 '재판 지연' 때문이었다. 2020년 1월 선거개입 사건이 서울중앙지법 재판에 넘겨졌지만 1년 3개월 동안 본 재판이 한 번도 열리지 않았다. 첫 증인을 부르기까지 재판 준비 기간만 1년 10개월이 걸렸다. 이 때문에 재판부가 청와대 선거개입 관련자를 처벌하지 않으려 고의로 재판을 지연하는 게 아니냐는 지적이 나왔다. 배후로 재판장인 김미리 부장판사가 거론됐다. 재판장은 사건을 진행하는 역할로서 배에 비유하면 선장과 같다. 선장이 마음먹기에 따라 목적지에 일찍 도착할 수도, 늦게 도착할 수도 있다. 김 부장판사는 어떻게 마음먹었을까.

김 부장판사는 우선 송철호, 백원우 등 10여 명에 대한 증거목록 정리와 사건 열람 등으로 1년 넘게 시간을 보냈다. 재판이 늦어졌다. 그러다 2021년 4월 돌연 휴직을 신청했다. 다른 판사가 사건기록을 처음부터 다시 읽어야 했다. 재판이 또 늦어졌다. 코로나 사태가 겹치면서 6개월간 재판이 열리지 않기도 했다.

다음으로 '편파 진행' 논란도 있었다. 김 부장판사가 재판 도중 "이 사건은 검찰개혁을 시도한 조국에 대한 검찰의 반격이라는 시각이 있다"고 말해 공정성 시비가 일었다. 또 웅동중학교 교사 채용 비위와 관련해 돈을 받은 조권에게 브로커보다 징역형이 낮거나 같은 1년을 선고해 조국 일가 봐주기 논란도 일었다. 나중에 항소심에서 형이 3년으로 늘어 대법원에서 확정됐다.

검찰은 추미애 법무부 장관 시절 '조국과 임종석이 울산시장 선거개입 범행에 가담한 강한 의심이 든다'는 공식 수사기록을 남겼다. 윤석열 검찰총장을 직무 정지시킨 추미애 법무부 장관 체제에서 이런 기록을 남기기 쉽지 않았을 것이다. 그만큼 조국이 울산시장 선거에 개입한 강력한 정황이 있다는 의미다. 조국의 울산시장 선거개입 의혹 혐의는 '이제서야' 풀리는 것이 아니라 드러나는 것일 수도 있다.

재판 지연과 조국의 출마

청와대의 선거개입 재판이 4년 가까이 지연된 이유는 '이례적인' 법원 인사와 사건 배당 때문이다. 2018년 2월 서울중앙지법으로 부임한 김미리 부장판사는 원래 2년 기한을 채운 2020년 다른 법원으로 이동해야 했다. 하지만 김 부장판사는 4년 동안 같은 법원에 머물렀다. 인사가 정상적으로 이뤄졌다면 다음 판사가 재판을 진행했거나, 적어도 다음 판사의 편의를 위해 어느 정도 재판을 진행했어야 한다.

주요 사건이 김 부장판사에게 집중 배당된 것도 문제다. ▲청와대의 울산시장 선거개입 ▲조권의 웅동중학교 교사 채용 비리 ▲유재수 비위 감찰 무마 ▲최강욱 의원의 조원 가짜 인턴증명서 발급 등 정권 핵심인사 연루 사건이 모두 김 부장판사에게 배당됐다. 법원은 전산으로 자동 배당된 것이라고 했지만 법조계는 믿지 않았다. 실제로 2022년 2월 김 부장판사가 서울북부지법으로 옮기면서 겨우 재판이 정상화됐다. 사법부의 진영 카르텔이 아니면 설명이 되지 않는다.

얼마 안 가 재판 지연의 숨은 의도가 드러났다. 재판이 지연되는 사이 송철호는 2022년 울산시장 재선에 도전했고, 한병도 전 청와대 정무수석과 황운하 전 울산경찰청장은 국회의원 선거에 출마해 당선됐을 뿐만 아니라, 21대 국회의원 4년 임기를 모두 채울 수 있게 됐다.

심지어 조국의 22대 국회의원 선거 출마도 가능해졌다.

조국은 2023년 2월 징역 2년 실형을 받았지만 현 재판 진행 속도로는 2024년 4·10총선 이전에 대법원 선고가 나오기 어려워 마음만 먹으면 선거에 출마할 수 있다. 만약 재판이 정상적으로 열렸고, 대법원에서 징역 2년(1심 판결)이 확정됐다면 조국은 피선거권이 5년간 박탈됐을 것이다. 같은 해 4월 조국도 이를 의식했는지 자신의 출마 여부 질문에 "지금으로서는 (출마에 대해) 말하기 좀 곤란하다"며 답을 피했다. 하지만 얼마 뒤 조국은 마음을 바꿔 출마 의지를 드러냈다. 같은 해 11월 조국은 김어준의 유튜브에 출연해 "(혐의에 대한 해명과 소명) 이것이 안 받아들여진다면 비법률적 방식으로 저의 명예를 회복하는 길을 찾겠다"고 한 것이다. 4월과 11월 사이 무슨 일이 있었던 것일까.

6월 13일 조국은 서울대에서 파면됐다. 예전 직장으로 돌아갈 수 없게 된 조국은 본능적으로 명예 회복에 매달렸다. 조국은 우선 본인의 출마 의지를 '시민의 권리'라는 그럴듯한 용어로 포장했다. 김어준 유튜브에서 조국은 "사람은 … (중략) … 정치적 방식의 소명 본능이 있을 것 같고 그런 것이 또 시민의 권리"라고 했다. 상당히 공들여 준비한 멘트다. 무엇보다 만에 하나 조국이 당선된다면, 검찰의 기소와 사법부의 유죄 판결을 정의롭고 공정한 시민이 사했노라, 라고 말할 수 있다는 기대감도 출마의 유혹을 뿌리치기 어려운 부분이었을 것이다. 그러니 어찌 출마하지 않을 수 있나.

사람은 군이 할 필요가 없는 일이어도, 손해 볼 게 없다는 판단이

들면 굳이 저지르고야 만다. 조국에게 출마는 손해 볼 게 없어 보인다. 출마한다면 지역은 현재 거주지인 관악구는 아닐 것이다(2022년 3월 서초구 방배동 삼익아파트가 재건축되면서 관악구 봉천동으로 이사함). '조국 사태'와 '정권 창출 실패'의 원죄 그리고 1심 유죄 선고 때문에 민주당 공천을 받기 어려워 무소속으로 나올 수밖에 없다. 그런데 그렇게 하면 관악구 민주당 후보의 표를 갉아먹을 수 있다. 마찬가지 이유로 현재 민주당이 다수를 차지하고 있는 서울, 인천, 경기도 등 수도권에서도 출마하지 않으려 할 것이다.

그렇다면 부산 출마 가능성을 상상할 수 있다. 부산은 본인의 고향이고 민주당의 세력이 상대적으로 약하므로, 이곳에서 무소속으로 출마한다면, 15% 이상 득표로 선거비용도 보전받을 수 있고 범야권 후보로서 입지도 다질 수 있다.

조국은 부산 중구의 혜광고등학교를 졸업했다. 부산 중·영도구 출마 가능성을 점쳐볼 수 있다. 하지만 이곳에는 오래전부터 지역을 다져온 민주당 후보들 있어 이들의 동의를 구하기가 만만치 않을 것이다. 문재인 전 대통령이 거주하는 양산 출마 가능성도 있다. 자신을 무리하게 감싸다 정권을 잃은 문 전 대통령에게, 조국이 '은혜 갚는 제비'의 모양새를 갖춘다면 제법 친문 진영의 지지를 기대할 수 있을 것이다. 지역구 출마가 여의치 않다면, 위성정당 소속 비례대표 출마 가능성도 배제할 수 없다. 무엇보다 조국의 출마 가능성이 높은 이유 중 하나는, 출마한다면 정치후원금 모금이나 선거운동원 모집 등이 그리 어렵지 않을 것이기 때문이다. 선거 출마자에게 가장 어려운 과제는 선거자금 모금과 선거운동원 모집이다. 그런데 이런 문제가 저절로 해결된다면 그야말로 다시 없을 기회이니 어찌 출마하지 않을 수 있나. 정리하면 조국 '개인의 입장'에서 22대 총선 출마는 '남는 장사'다.

하지만 '유권자의 입장'에서 조국 출마는 확실히 '손해 보는 장사'다. 첫째, 유죄 가능성이 높아 당선돼도 임기 내내 자기 재판 준비로 정상적인 의정활동을 할 수 없다. 둘째, 대법원 일정을 고려하면 당선돼도 임기를 6개월도 채우지 못할 가능성이 크다. 셋째, 재보궐선거를 유발해 안 써도 될 시민의 세금을 써야할 수 있다. 넷째, 당선되면 임기 동안 조국 혼자 '시민의 권리'를 누리는 반면, 주민들은 '시민의 권리'를 전혀 누리지 못한다. 마지막으로, 대중여론을 선동하여 자신의 이익을 챙기는 사람에게 표를 주는 것은 민주주의를 퇴보시키는 행위다.

그러니 가장 상식적이고 바람직한 선택은 1심의 유죄 선고를 무겁게 받아들이고 성실하게 항소심 재판을 준비하는 것일 게다. 설마 옥중 출마는 하지 않겠지.

28
천경득의 인사 농단 의혹

조국은 청와대 선거개입과 함께 유재수 감찰 무마 의혹도 받았다. 2017년 10월 민정수석실 특별감찰반(특감반)의 감찰을 받던 유재수 금융위원회 금융정책국장의 감찰 중단을 지시한 의혹이다. 사실이라면 직권남용죄에 해당한다.

금품수수 혐의를 받던 유재수는 특감반으로부터 해외계좌 거래 내역 제출을 요구받자 돌연 금융위에 병가를 내고 민정수석실에 로비를 시도했다. 참여정부 시절 인연을 맺은 정권 핵심 인사에게 도움을 요청한 것이다. 백원우 민정비서관은 조국 수석에게 "참여정부 시절 2년간 함께 고생한 사람"이라며 유재수를 봐주자고 했다. 로비는 전방위에서 일어났다. 두 달 뒤 조국은 주변에서 전화가 너무 많이 온다며 최종적으로 유재수 감찰 중단을 지시했다. 박형철 반부패비서관이 그나마 원칙대로 사법처리할 것을 주장했으나 묵살됐다. 결국 최종보고서가 작성되지 않았고, 그동안 모아둔 감찰자료도 모두 폐기됐다.

아무 징계 없이 금융위에 사표를 쓰고 나온 유재수는 2018년 4월 더불어민주당 국회정무위원회 수석전문위원으로 자리를 옮겼고, 다시 3개월 뒤 부산시 경제부시장으로 영전했다. 청와대 감찰을 무사히 넘긴 유재수는 이때만 해도 하늘이 자신을 돕는다고 생각했다.

유재수는 부산에 내려와 또 비위를 저질렀다. 모 업체에 특정인의 주소를 알려주며 자신의 명의로 한우 세트를 대신 보내도록 했다. 또 자신이 출간한 서적 2권을 금융위의 관리 감독을 받는 업체에 다량 구매하도록 하고 부산시 부시장 관사에서 받아 주변에 배포했다. 김영란법(청탁금지법) 위반이다. 1년 전 민정수석실이 원칙대로 처리했다면 유재수는 하늘의 뜻을 오해하지 않았을 것이다.

감찰 무마에 연루된 청와대 인사는 조국 수석을 비롯해 백원우 민정비서관, 윤건영 국정상황실장, 천경득 총무비서관실 선임행정관 등이다. 천경득은 당시 이인걸 특감반장에게 "참여정부에서도 근무한 유재수를 왜 감찰하느냐. 청와대가 금융권을 잡고 가려면 유재수 같은 사람이 필요하다"며 "피아를 구분하지 못하냐"고 힐난했다. 자기편은 죄를 지어도 봐줘야 한다는 것이다. 이 반장은 불쾌했지만 수용했다. 천경득은 숨어있는 청와대 실세였기 때문이다. 청와대 특감반원들도 그를 두려워했다.

2020년 6월 5일 재판에 증인으로 나온 전 청와대 특감반원 이 모 수사관은 "(백 좋은) 유재수보다 천경득이 더 두려웠다"고 했다. 이 수사관은 유재수의 휴대전화에서 천경득이 자신과 친분이 있는 이성호 변호사를 금융위원회 상임위원으로 추천한 메시지를 발견했다. 확인하니 이 청탁은 실제로 이뤄졌다. 또 텔레그램에서 윤건영 국정상황실장, 김경수 경남지사, 유재수 국장과 함께 금융위 고위공무원 인사를 ABC 등급으로 나눠 논의한 기록도 나왔다.

특감반원에게는 자기들은 얼굴 보기도 힘든 청와대 실장, 경남도지사와 함께 정부부처 인사를 논의하는 천경득이 대단해 보였다. 그 위세에 위축되지 않을 수 없었다. 그래서인지 이 수사관은 검찰 조사에서 천경득의 인사청탁 사실을 숨기다가 뒤늦게 3차 조사에서 밝혔다. 그 이유에 대해 "(천경득으로부터) 예측하지 못한 불이익을 받을 거 같아서였다"고 했다. 천경득은 누구인가.

천경득은 경기도 고양시에서 변호사로 활동하다 2004년 유시민 당시 열린우리당 국회의원이 선거법 위반 혐의로 기소됐을 때 변호를 맡았다. 이후 2005년 유시민 의원실 비서관으로 정치권에 발을 들였다. 2012년 문재인 대선캠프에서 '문재인 펀드'를 관리하는 펀드운영팀장을 맡았다. 2015년 새정치민주연합 당대표 비서실을 거쳤고, 이후 더불어민주당 정재호 의원실 보좌관을 지냈다. 2017년 대선캠프에서는 총무팀장과 문재인 후보 후원회 대표로 활동했다. 문재인 대선캠프에서 두 번이나 선거자금을 관리한 천경득은 청와대 총무비서관실 선임행정관이 됐다. 한 사정기관 관계자는 "청와대 수석들이 행정관을 데려올 때 천경득 행정관이 반대하면 이뤄지지 않는다는 얘기도 있다"고 했다.

숨은 실세 천경득을 조사하기로 했다. 청와대 주변 인사와 출입 기자한테 물었다. 천경득에 대한 소문은 있다면서도 구체적으로 알려주지 않았다. 며칠 만에 겨우 소문의 그림자를 접했다. 천경득이 인사로 장난쳐서 청와대 직원들이 불만이 많다는 것이었다. 좀 더 파고들었다. 천경득의 비위 의혹은 크게 세 가지였다.

첫째, 인사 비위 의혹이다. 천경득이 정재호 의원실 보좌관이던 시절 자기 동생 천정길 선임비서관, 인턴 K 비서관과 함께 일했다. 천경득이 청와대로 가면서 K도 행정요원으로 갔다. 그런데 K가 눈에 띄게 승진을 빨리하면서 문제가 생겼다. K는 7급 행정요원으로 청와대에 들어간지 얼마 지나지 않아 6급으로 승진하고 또 얼마 지나지 않아 5급 행정관으로 승진했다. K가 두 계단 오르는 데 단 1년밖에 걸리지 않았다. 간첩이라도 잡았으면 모를까 정상적인 인사라면 불가능하다. 당연히 주변의 부러움과 시기, 인사 비위 의혹을 샀다. 천경득 작품이라는 얘기가 돌았다.

둘째, 인사 청탁 의혹이다. 천경득은 자신과 절친한 사람을 공공기관에 취업시킨 의혹을 받았다. 사법연수원 동기이자 일산에서 함께 법률사무소를 열었던 강 모 변호사를 각종 공공기관에 고문 등으로 선임되도록 했다는 것이다. 확인해 보니 강 변호사는 실제로 2018년 2월 행정안전부 고문변호사, 3월 KOTRA 비상임이사로 선임된 데 이어 2019년 2월 금융투자협회 공익이사로 선임돼 있었다. 정말 천경득의 개입이 있었는지 확인이 필요했다.

청와대와 해당 기관에 자료제출을 요구했다. 청와대 직원은 이례적으로 왜 이런 자료제출을 요구하느냐고 되물었다. 피감기관이 감사기관에 왜 감사하느냐고 따지다니 황당했지만 침착하게 답했다. 인사 청탁 등 직권남용 의혹이 있어 확인이 필요합니다. 문득 다른 자료제출 요구에는 별 반응이 없던 청와대가 천경득 관련해서는 민감하게 반응하는 게 수상했다. 수류탄을 던졌다. 청와대에서 천경득 조사했지요?

"네에."

얼떨결에 대답한 직원도 당황했는지 작은 탄식이 흘러나왔다. 여유를 두지 않고 파고들었다. 언제 조사했어요?

"6월…"

얼굴이 돌처럼 굳어지는 게 전화기 너머로 보였다. 누군가 직원 옆에서 듣고 있을 것만 같았고 더 대화를 이어가다간 제가 착각했습니다, 라고 부인할 것 같았다. 여기까지다, 끊자. 알겠습니다. 뚝.

이제 공공기관 차례다. 자료제출을 독촉했다. 세 곳 모두 적법한 절차를 거쳐 선임했다고 하면서도 근거자료 제출은 곤란하다고 했다. 추천인이 누구인지도 밝힐 수 없다고 했다. 겨우 KOTRA로부터 자료를 받았다. 강 변호사가 제출한 지원서류에는 무역과 관련한 경력이 전혀 없었다. 한국가정법률상담소, 일산동부경찰서 법률상담변호사 등이 대표 경력이었다. 황당했다. 대신 "강 변호사가 평소 해외 시장과 비즈니스에 많은 관심을 가지고 있다"는 익명의 추천이 있었다고 했다. 말도 안 되는 소리다. 익명의 투서도 아니고 익명의 추천이라니. 아마도 천경득일 것이다. 게다가 공공기관 이사 자리를 경험이나 전문성도 아닌 '평소 관심 있다' 정도로 차지할 수 있다니 더 어이가 없었다.

천경득은 동생도 챙겼다. 동생 천정길은 2005년 11월 유시민 국회의원실 7급 비서관으로 채용돼 2년 넘게 일했다. 20016년 5월에는 정재호 국회의원실 5급 선임비서관으로 자리를 옮겨 10개월간 일했다. 그런데 2018년 9월 갑자기 대한상공회의소 선임전문위원으로 채용됐다. 일반적으로 4급 보좌관으로 수년간 경험을 쌓아야 갈 수 있는 자리다. 당시 천정길은 5~7급으로 국회의원실에서 몇 년 근무한 게 다다. 주변에서 좋은 말이 나올 리 없었다. 역시 형이 청와대에 있으니 다르다, 는 말이 나왔다.

결국 문제가 터졌다. 그해 국정감사에서 동생은 자신의 채용 관련 문제가 제기되자 6개월 만에 스스로 그만뒀다. 하지만 눈치 없이 바로 KT 자회사인 KTH로 자리를 옮겼다. 역시 형 천경득이 개입했다는 의혹이 제기되자 2개월 만에 또 그만뒀다. 이때가 2019년 5월이었는데 천경득은 바로 다음 달인 6월 청와대 공직기강비서관실로부터 조사를 받았다. 이 때문에 천경득은 공직강비서관실의 조사를 미리 알고 동생을 KTH에서 그만두게 했다는 의심을 샀다. 죄라는 게 들키지 않으면 계속 저지르고 싶어지나 보다. 조국처럼, 유재수처럼.

셋째, 금품수수 의혹이다. 천경득이 강 변호사로부터 공공기관 자리를 알선하고 대가를 받았다는 의혹이다. 내용은 구체적이었다. 천경득의 부인 S가 강 변호사 사무실에 직원으로 등록되어 2년여 동안 월 350여만 원을 받았다는 것이다. 만약 강 변호사가 출근도 하지 않는 S에게 급여를 지급했다면, 자리 알선에 대한 대가 지급으로 보기에 충분하다. 강 변호사 사무실에 전화했다. 직원에게 S를 바꿔 달라고 했지만 거꾸로 누구세요? 왜 그러세요? 만 반복했다. 전화를 끊었다. 나중에 파악한 바로는 청와대 공직기강비서관실에서 이 점을 심각한 사안으로 봤다고 했다. 공교롭게도 이즈음 S는 아이들과 함께 캐나다로 출국했다.

자료를 정리해 김유신 기자에게 보냈다. 〈매일경제〉는 2019년 12월 2일 '천경득 靑선임행정관, 동생 일자리 알선 의혹…공직기강비서관실 조사'라는 제목으로, 보름여 뒤인 16일에는 '천경득 靑선임행정관, 이번엔 친구 일자리 알선 의혹… 청와대 조사받아'라는 제목으로 기사를 내보냈다.

청와대가 입장을 밝혔다. "천경득을 조사했지만 문제가 없는 것으로 결론 내렸다"고 했다. 그러면서 "이런 의혹 때문에 (천경득의) 인사비서관 승진이 무산됐다"고 밝혔다. 문제가 없는데 비서관 승진을 무산시킬 리가 있나. 다들 쉬쉬하면서도 천경득에 대한 불만을 제기했다. 급기야 천경득이 계속 출근하며 자리를 지키자 "이게 무슨 공정을 중시하는 문재인 정부냐"는 내부 불만이 터져 나왔다.

천경득은 그래도 버텼다. 2020년 5월에야 사직서를 냈다. 유재수 감찰 무마 의혹으로 조국과 함께 재판을 막 시작할 무렵이다. 그러나 얼마 뒤 놀랍게도 천경득은 금융 경력이 전혀 없음에도 연봉 2억 5천 여만 원의 〈금융결제원〉 상임감사로 임명됐다. 문재인 정부 임기 9개월 앞두고서다. 언론은 일제히 '청와대 숨은 실세의 금융권 낙하산'이라며 비판 기사를 쏟아냈다. 천경득의 임기는 3년이다.

천경득 관련 뒷얘기가 있다. 천경득에 대한 비위 의혹이 밖으로 흘러나온 이유가 나름 있다. 인턴 K를 청와대로 데려와 1년 만에 7급, 6급, 5급으로 승진시킨 사실이 내부 감사에서 적발되자, 문재인 대통령이 분노하면서 앞으로는 2년에 한 급씩만 승진할 수 있도록 인사지침을 내렸다고 한다. 천경득의 인사농단 나비효과는 청와대를 술렁이게 했다. 승진을 고대하는 수많은 청와대 직원들이 유탄을 맞아버린 것이다. 원인 제공자에 대한 원성이 자자할 수밖에 없었다. 제보는 그냥 오는 게 아니다.

29
대통령 외손자의 국제학교와 사위의 취업

　문재인 전 대통령 딸 문다혜 일가족의 태국 생활은 국민적 관심사였다. 문다혜는 2018년 아버지 문 전 대통령의 임기 초반, 서울 구기동 집을 처분하고 남편 서창호, 초등학생 자녀와 함께 태국으로 이주했다. 현직 대통령 자녀 가족이 해외로 이주한 첫 사례다. 역대 대통령 자녀들은 각종 사건 사고에 연루된 적이 많아 늘 대중의 관심 대상이었고 그래서 준공인으로 인정받았다. 문 전 대통령 자녀도 마찬가지다. 대통령 딸 가족이 돌연 집을 팔고 해외로 나간다고 하니, 그 이유에 대해 얼마나 많은 상상과 억측이 일었겠나.

　해외 상주 경호원 등 국민의 세금이 들어가는 일이므로 해외 이주에 대한 정당한 설명이 필요했지만 청와대는 무대응으로 일관했다. 불필요한 소문을 자초했다. 서초구에서 사고를 쳐서 도피했다는 설, 비자금 또는 골드바를 관리하러 갔다는 설 등 온갖 근거 없는 소문이 떠돌았다. 하지만 태국 현지에서의 관심사는 국내와 조금 달랐다.

대통령 사위 서창호가 태국에 와서 무슨 일을 하느냐가 가장 큰 관심사였다. 또 문다혜 가족이 어느 동네에 살고, 아이는 어느 학교에 다니느냐도 관심사였다. 신기한 것은 태국 현지 교민 누구도 이들 가족 소식을 들어보지 못했다는 것이다. 언론사 해외 특파원들도 이들 가족 소식을 접하지 못했다. 오히려 한국에서 소문만 무성했다. 서창호가 타이이스타항공 비행기를 타고 인천공항으로 들어와 소란을 피웠다는 등의 소문도 돌았다.

조국 의혹을 처음 제기한 이후 의원실로 제법 많은 제보가 들어왔다. 하지만 제보가 모두 도움이 되는 건 아니었다. 허위 제보도 있고, 의도가 불손한 제보도 있고, 뜬구름 잡는 제보도 있었다.

어느 월요일 오전 사무실로 연락이 왔다. 대통령 외손자가 태국에서 어느 학교에 다니는지 안다고 했다. 전에도 이런 종류의 제보가 몇 번 있었다. 자신이 현지 교민이라고 소개한 어느 제보자는 방콕 시내 유명 국제학교 서너 곳을 알려주었다. 그러면서 대통령 외손자가 이곳 어디에 분명 다닐 테니 찾아보라고 했다. 말로는 고맙습니다, 했지만 실제로는 전혀 도움이 되지 않았다. 당시 의원실 직원이 6명이었는데, 수행비서와 행정비서를 제외하면 자료를 조사할 인원은 4명이다. 각자 맡은 역할에 따라 아침부터 체크리스트 점검하고, 수십 개의 자료를 검토하고, 정리하고, 자료제출 독촉하면 하루 24시간이 모자랄 지경이었다.

나를 제외하고는 직원 대부분 매일 9 to 9(9시 출근, 21시 퇴근)이었다.

점심 식사는 의원회관 2층 구내식당에 해결하고 저녁 식사는 주로 배달해서 먹었다. 이런 상황에서 사무실을 비우고 태국으로 건너가 국제학교를 하나씩 찾아다니기에는 기회비용이 너무 컸다. 또 제보가 맞으면 다행이지만 의원실 전투력 손실을 노리는 허위 제보일 가능성도 있었다.

더 황당한 제보도 있었다. 아시아 1호 스타벅스가 방콕 시내에 있는데 한국인이 많이 오니 거기서 일주일만 기다리면 대통령 딸 가족을 볼 수 있을 거라고, 마치 일급비밀이라도 되는 듯 속삭이는 제보도 있었다. 나도, 네 고맙습니다, 속삭여 주었다.

그러던 어느 날 귀를 의심케 하는 제보가 왔다. 특정 학교를 딱, 찍어서 얘기했다. 제보의 신뢰성을 확인하기 위해 그걸 어떻게 아는지 물었다. 기가 막혔다. 남편 직장 따라 태국 방콕에 왔고 아이들이 국제학교에 다니는데, 아이의 친구가 대통령 외손자를 안다고 했다. 어떻게 아느냐고 물었다.

해당 학교는 다국적 학생들이 다니기 때문에 신입생이 오면 학교생활에 잘 적응할 수 있도록 같은 나라 출신 학생들끼리 짝을 지어 준다고 했다. 처음에는 학교에서 짝을 지어 줄 때 그 아이가 누구인지 아무도 몰랐다고 한다. 그런데 어느 날 교장선생님이 아이들을 따로 불러 한국 대통령의 외손자니 잘 보살펴 주고 '너희만 알아야 한다'고 해서 알게 됐다는 것이다. 한창 장난기 많은 아이들에게 너희만 알아야 한다는 요구가 통할 리가 있나. 얼마 안 가 자기 친구와 가족에게 자랑삼아 얘기했고 그렇게 아는 사람의 아는 사람을 통해 결국 나에게까지 흘러 들어오게 된 것이었다. 세상은 둥글다.

제보자는 대략적인 학비도 알려주었다. 학비는 1년에 4천만 원 정도인데 학생마다 스쿨버스 이용 여부, 애프터 스쿨 프로그램 등이 달라 실제 학비는 조금씩 다르다고 했다. 또 방문자에게 학교 정보를 제공하는 차원에서 연감(annual book)을 상담용 데스크에 비치해 두는데, 이 책을 보면 모든 교직원과 재학생의 얼굴, 이름을 확인할 수 있다고 했다.

구글맵을 통해 해당 학교를 검색했다. 실제 존재하는 학교다. 강남에 있는 태국 유학원에 전화해 국제학교의 입학 절차, 학비, 거주비 등을 물었다. 유학원은 거꾸로 아이가 몇 살이고, 현재 어느 학교에 다니고, 언제 출국하냐고 물었다. 그러면서 아이와 함께 유학원에 방문해 줄 것을 요구했다. 대답하지 않고 계속 질문만 하니 유학원은 소위 찔러보는 고객임을 금방 눈치채고 전화를 끊으려 했다. 다른 유학원도 마찬가지였다. 의원님께 보고드렸다. 주변 보좌진들을 데리고 태국에 다녀오라고 했다.

다른 의원실 남성 보좌진 3명으로 팀을 꾸렸다. 하지만 바로 다음 날 못 가겠다고 했다. 태국에서의 안전이 우려된다고 했다. 그러면서 국정원 현지 요원이 우리 일행을 공항에서부터 미행할 것이고, 도청도 할 거라고 했다. 만약 현지 고용인(?)한테 폭행이라도 당해 말도 통하지 않는 나라에서 병원 신세라도 지게 되면 어떡하느냐고도 했다.

매우 그럴듯하고 구체적이면서도 — 첩보 영화에서나 볼법한 상황을 꽤나 진지하게 걱정했다.

결국 의원님과 나, 선임비서관 이렇게 3명이 갔다. 방콕은 매우 습하고 더웠다. 현지 가이드가 준비한 승합차를 타고 숙소로 이동했다. 다음날 오전 9시쯤 가이드에게 학교 이름을 알려주고 출발했다. 구글 맵에서는 숙소에서 학교까지 15분 거리였는데 도로 공사 중이고 차도 많아서 시간이 더 걸렸다. 뒤를 돌아 혹시 따라오는 차량이 있는지 확인했다. 설사 따라온다고 해도 워낙 정체가 심하고 혼잡해서 금방 놓칠 거 같았다. 10시쯤 학교에 도착했다. 메인 건물로 들어가니 금발의 중년 외국인 2명이 데스크에서 환하게 반겨주었다. 나는 서툰 영어로 아이 진학 상담을 위해 한국에서 왔다고 했다. 그러는 사이 의원님과 선임비서관은 연감(annual book)을 뒤졌다. 정말로 누구나 볼 수 있도록 데스크에 비치돼 있었다. 외국인은 나에게 곧 상담교사가 올 테니 조금 기다리라고 했다. 졸지에 가상의 아이를 두고 진학 상담을 해야 할 판이었다. 뭐라고 하지?

기다리는 동안 일행과 함께 연감을 뒤졌다. 몇 년 치 연감이 두 권씩 있었다. 연감을 각자 나눠 가졌다. 조용히 책장 넘기는 소리만 들렸다. 눈을 위아래로 굴리며 재빨리 스캔했다. 그때 갑자기 외국인이 나를 불렀다. 예스?

아이가 15살이냐고 물었다. 10살이라고 답했다. 오늘 상담 예약했느냐고 물었다. 아뇨, 예약 없이 그냥 왔는데요. 서류철을 보여주며 내가 맞느냐고 물었다. 서류 속 이름의 성은 '박 씨'였다. 오, 잇츠 낫미. 외국인은 내가 시간을 당겨 일찍 온 한국의 '박 씨'인 줄 알았다고 했다. 어쩐지, 환하게 반겨주더라니.

그러면서 학교를 잘못 찾아왔다고 했다. 여기는 중고등학교라고 했다. 어? 분명히 교문에서 학교명을 확인했는데 이상했다. 설명을 듣고 이해가 됐다. 같은 재단에서 초등학교 캠퍼스와 중고등학교 캠퍼스 두 군데를 운영하는데 종종 재단명만 보고 학교를 잘못 찾아오는 경우가 있다고 했다. 친절하게도 초등학교 캠퍼스에 우리가 간다고 얘기해 놓겠다고 했다.

초등학교에 가니 상담교사가 미리 기다리고 있었다. 바로 준비된 자료를 보여주며 수업 프로그램과 학비를 설명했다. 프로그램은 더할 나위 없이 훌륭했다. 학교 내에 수영, 발레, 펜싱 등 다양한 스포츠 활동 시설이 있었고 클래식 악기, 미술 등 예술 활동 시설도 잘 갖춰져 있었다. 점심 식사는 뷔페였다. 태국인 가이드가 학교를 잘못 찾아간 게 오히려 기회가 됐다. 입학설명이 다 끝나자 내가 스쿨투어를 요청했다. 때마침 점심시간이어서 아이들이 뷔페를 이용하고, 잔디 깔린 운동장에서 자유롭게 뛰어오는 걸 볼 수 있었다. 정말이지 형편만 된다면 누구라도 이런 학교에 아이를 보내고 싶어할만 했다. 학비는 얼마일까.

상담교사는 항목별 비용이 정리된 도표에 연필로 크게 동그라미를 쳤다. 여기까지는 필수 비용. 바로 아래 도표에 작은 동그라미를 치더니 이거는 선택사항이라고 했다. 그러면서 대부분의 학부모가 선택사항을 선택한다고 했다. 상담교사는 이렇게 더하면 한 학기에 약 2천만 원, 1년에 약 4천만 원이라고 했다. 제보 내용과 일치했다. 대통령 사위 서창호 소득이 이 정도 학비를 감당할 수 있을까, 궁금했다. 우리는 자료를 챙겨서 진심으로 좋은 학교에 대한 경의를 표하고 나왔다.

　다음날 방콕 시내로 나갔다. 대통령 사위 서창호가 일하는 회사로 향했다. 서창호는 2010년 3월 부산의 한 성당에서 문다혜와 결혼했다. 장인 문재인 전 대통령이 집권하기 전인 2016년 2월 서울 강남에 있는 '토리게임즈'라는 게임 회사에 입사해 2년 정도 다녔다. 이후 태국으로 이주해 2018년 7월 타이이스타항공(Thai EASTAR JET)라는 회사에서 '제임스'라는 영어 이름의 전무이사로 근무했다. 항공업계에서 일한 경력이 전혀 없는데도 고액 연봉의 임원으로 채용된 게 수상했다. 대통령 가족이라는 후광이 작용했을 거라는 의심이 들었다.

　연결 고리는 더불어민주당 이상직 전 국회의원이었다. 이상직 전 의원은 2007년 이스타항공(EASTAR JET)을 창업하고 2012년까지 회장을 지냈다. 그해 19대 국회의원에 당선됐으나 2016년 20대 국회의원 당내 경선에서 떨어졌다. 2017년 5월 문재인 정권이 출범하자 바로 대통령 직속 일자리위원회 위원으로 위촉됐고, 2018년 1월 중소벤처기업진흥공단 이사장으로 취임했다. 여기서부터가 문제다.

　서창호가 타이이스타항공에 취업한 시기가 이즈음이다. 타이이스타항공 대표는 박석호라는 한국인이었는데 어느 날 공개 모집한 적이 없는데도 서창호의 이력서가 이메일로 왔다고 한다. 이 전 의원이 채용하라고 해서 2018년 초 채용했는데 영어도 서툴고 항공업무를 잘 몰라서 방콕 공항에 보내 자신의 주요 고객을 돌보는 일을 시켰다고 한다. 박 대표는 서창호가 처음 잠깐 회사를 다니다가 다른 거 하겠다고 해서 나갔다고 했다. 실제로 퇴사했는지는 확인되지 않았다.

이 전 의원은 처음에 박 대표에게 서창호를 감추었다. 왜 채용해야 하는지, 신분이 무엇인지도 알려주지 않았다. 심지어 문다혜 가족이 방콕에서 거주할 집을 알아봐 달라고 할 때도 그냥 '중요한 사람이 살 집을 알아봐 달라'고 했다고 한다. 그러다 더 이상 안 되겠다 싶었는지 어느 날 박 대표에게 서창호가 문재인 대통령의 사위라는 사실을 알렸다. 같은 해 7월 서창호는 전무이사로 발령 났고 별도의 방도 받았다.

문제점을 정리하면, 문재인 전 대통령이 이상직을 중소벤처기업진흥공단 이사장으로 임명하고, 이상직은 그 대가로 대통령의 사위 서창호를 본인 소유 회사인 타이이스타항공에 전무이사로 채용했다는 것이다. 이 의혹이 입증되려면 타이이스타항공이 이상직 소유이거나 적어도 그가 창업한 이스타항공과 관련이 있어야 한다. 우리가 태국에서 타이이스타항공을 찾아간 이유다. 중소벤처기업진흥공단 태국 현지 직원들도 서창호에게 편의를 제공하는 등 연관되어 있을 수도 있지만, 당시에는 타이이스타항공에 대한 의혹이 워낙 선명해서 타이이스타항공에만 집중했다.

사무실은 방콕 시내 GMM 그래미 플레이스 건물 고층에 있었다. 의원님은 건물 1층 스타벅스에서 기다리고, 나와 선임비서관은 엘리베이터를 타고 사무실로 향했다. 특이하게도 사무실 입구에 경비원이 지키고 있었다. 직원이면 그냥 들여보내고 외부인이면 직원에게 연락해 확인하고 들여보냈다. 유리문을 노크하자 경비원은 리모컨을 눌러 문을 열었다. 미스터 박을 만나러 왔다고 했다. 경비원은 영어를 거의 알아듣지 못했다. 경비원은 우리에게 태국어로 말했다. 곧 우리가 한국인임을 눈치채고 누군가에게 전화를 걸었다. 어디선가 한국인이 나타났다. 중년의 남성 직원이었다. 어디서 왔어요?

"국회에서 왔습니다."

명함을 건넸다. 표정이 일그러졌다. 박 대표를 만나고 싶다고 했다. 남성은 알아보겠다고 하면서 돌아갔다. 경비원과 우리는 멀뚱멀뚱 서서 기다렸다. 남성이 돌아와 대표는 지금 공항에 있는데 언제 들어올지 모른다고 했다. 박 대표가 정말 공항에 있는지 아니면, 사무실에 있는데 만나지 않으려는 건지 짐작이 되지 않았다. 몇 마디 물어볼 게 있다고 하자 남성은 사무실에서 나가달라고 했다. 경비원도 고개를 갸우뚱하며 문을 가리켰다.

일단 나왔다. 나는 박석호가 사무실에 있다고 가정했다. 이때가 10시쯤이었는데 직원들이 점심 식사하러 나올 때까지 기다려보기로 했다. 선임비서관이 1층으로 내려가 의원님께 상황을 알리고 돌아왔다. 가만히 복도 바닥에 앉아 사무실만 쳐다봤다. 이따금 경비원이 고

개만 살짝 내밀어 우리를 봤다. 네 번 정도 눈이 마주칠 때쯤 고개를 숙여 인사했다. 경비원도 인사를 받아주었다. 사무실 문이 열릴 때마다 우리는 어미를 기다리는 미어캣처럼 착, 고개를 돌려 쳐다봤다. 저 사람들 눈에 우리가 어떻게 보일까, 따위는 신경 쓰지 않았다. 그저 박석호처럼 생긴 사람이 나타나길 기다렸다. 사실 우리는 박석호가 어떻게 생겼는지 몰랐다. 무작정 찾아와 면담 요청하고 만나주면 아, 박석호인가보다 하고 만나는 거지, 이렇게 직접 박석호를 찾아야 할 줄은 몰랐다. 열 번쯤 문이 열릴 때였다.

누가 보더라도 한국인처럼 보이는 직원이 나왔다. 우리는 자리에서 일어났다. 그는 화장실에 들어갔다 금세 나왔다. 우리를 의식했는지 발걸음이 어색했다. 나는 용기를 내어 '저기요'하고 한국말을 던졌다. 그는 아주 미묘하게 어깨를 멈칫했지만 돌아보지 않았다. 뛰어 가면서 다시 한번 '저기요'하고 불렀다. 멈췄다.

"왜요?"

박 대표는 없다고 했다. 그러면서 갑자기 묻지도 않은 얘기를 했다. 대표님은 휴가 갔는데… 그의 입술을 가느다랗게 떨었다. 사무실에 있다는 얘기다. 타이이스타항공이 이상직 의원 소유가 맞느냐고 물었다. 그는 눈을 이리저리 굴리며 자기는 그냥 직원이어서 아무것도 모른다고 했다. 서창호가 사무실에 있는지도 물었다. 침을 꼴딱 삼키더니, 거듭 아무것도 모른다고 했다. 잰걸음으로 사무실로 들어가 버렸다. 우리는 어미 잃은 미어캣처럼 잠깐 서 있다가 ― 대화 내용을 휴대전화에 재빨리 옮겨적었다.

다시 기다렸다. 점심시간이 다됐을 때쯤 중년의 한국 여성이 사무실에서 나왔다. 다가갔다. 자신을 과장이라고 소개했다. 과장은 전혀 거리낌 없이 말했다. 아는 것과 모르는 것을 있는 그대로 말하는 느낌이었다. 박 대표는 사무실에 없다고 했다. 어디 있냐고 물으니까 말할 수 없다고 했다. 서창호에 대해서는 자신도 모르다가 한국 방송을 보고 뒤늦게 대통령 사위라는 것을 알았다고 했다. 자기와는 업무영역이 달라 거의 대화를 나눠본 적이 없다고 했다. 타이이스타항공과 이스타항공이 같은 회사지요? 물었다.

그건 모르겠지만 사무실도 같이 쓰고, 전화, 팩스 공유하고, 각종 공과금도 같이 내요, 라고 말했다. 최근 서창호가 보이지 않는다고 했다. 회사를 그만둔 건지, 나오지 않는 건지 모른다고 했다. 한국에 퍼진 소문을 들려줬다. 얼마 전 타이이스타항공이 방콕에서 인천공항까지 띄운 시험 비행기(Test Flight)에 서창호가 탔는데, 비행기가 승객 승하차 게이트로 가지 않고 화물 격납고로 향하자 '나를 짐짝 취급하느냐'며 소동이 있었다는 소문이었다. 서창호가 이 비행기에 탔어요?

"아뇨, 안 탔어요."

"어떻게 알아요?"

시험 비행기 탑승자 명단을 자신이 짰다며 확신에 찬 목소리로 서창호는 명단에 없었다고 했다. 어쩌면 '제임스'라는 이름으로 탑승했을 수도 있지만 당시에는 서창호의 영어 이름을 몰라서 물어보지 못했다. 서창호 옆에 붙어 다니는 사람이 있었나요? 경호원을 확인하려는 것이다. 과장은 그런 거는 모르겠고, 얼마 전에 KBS 기자가 와서 취재하고 갔다고 했다. 그 기자는 사무실에 들어와 박 대표도 만났고, 서창호에 대해 물었다고 했다. 갑자기 사무실 문이 열리더니 사람들이 삼삼오오 나왔다. 점심시간이다. 과장은 끄떡, 인사를 하고 무리에 섞여 엘리베이터를 탔다. 한참을 기다려도 처음 얘기를 나눴던 남성 직원은 나오질 않았다. 더 기다려보기로 했다.

1시쯤 사무실 문이 열렸다. 나왔다. 무언가 불안한 듯 눈을 크게 뜨고 우리를 보더니 엘리베이터를 탔다. 나도 타려고 걸음을 빨리하는데 안에서 닫힘 버튼을 재빨리 누르는 바람에 놓쳤다. 엘리베이터가 몇 층에 멈추는지 가만히 쳐다봤다. 특이하게도 1층에서 멈추지 않고 4층쯤에 멈췄다. 그리고 한동안 움직이지 않았다. 여기서 내린 거다. 중간에 누가 탄 거라면 금세 1층으로 다시 움직였을 테니까. 나도 같은 층으로 이동했다. 위층과 구조가 달랐다. 유리문도 없고 모두 철문이었다. 조심스럽게 손잡이를 돌려봤다. 잠겨 있었다. 다른 문도 마찬가지다. 건물 관리자나 직원만 출입할 수 있는 문이었다. 놓쳤다.

오후에도 더 기다려볼까 싶었지만 더 이상 새로운 내용을 파악하기 어려울 거 같아 철수했다. 숙소로 돌아와 내용을 노트북에 정리했다.

우리는 무사히 한국으로 돌아왔다. 현지와 국내 모두 미행도 도청도 없었던 것 같다. 며칠 뒤 곽 의원은 태국 현지에서 확인한 내용을 공개했다. 첫째, 대통령의 딸 문다혜가 자녀를 1년 학비가 4천만 원이

나 드는 국제학교에 보내고 있는 것을 확인했다. 남편 소득이 불분명한 상태에서, 도대체 무슨 비용으로 자녀 학비와 거주비, 생활비 등을 감당하는지 의문이다. 둘째, 대통령의 사위 서창호가 근무한 타이이스타항공이 자신이 설립한 이스타항공과 무관하다는 이상직 의원의 주장과 달리 현지 직원의 말로는 사실상 같거나 매우 관계가 깊은 회사임을 확인했다. 그렇다면 이 의원은 대통령으로부터 중소벤처기업진흥공단 이사장으로 임명된 것에 대한 대가로 대통령 사위를 채용한 게 아닌지 의문이다.

청와대는 펄쩍 뛰었다. 청와대 부대변인은 (태국까지 간 건) 국회의원이 할 일이 아니라고 했다. 문다혜는 언론과의 인터뷰에서 "태국에 갔다는 것 외에 사실과 다른 부분이 너무 많다"며 "허위사실 유포가 도를 넘어 대응하겠다"고 했다.

대응을 기다렸다. 법적 대응을 하면 자연스럽게 팩트체크가 되기 때문이다. 언론을 통해 대통령측에서 변호사를 선임했다는 얘기가 들렸지만 시간이 흘러도 아무 소식이 없었다.

2021년 12월 6일 한 시민단체가 문재인 전 대통령과 이상직 전 의원을 뇌물수수와 뇌물공여 혐의로 검찰에 고발했다. 검찰은 청와대가 이 전 의원을 중소벤처기업진흥공단(중진공) 이사장에 내정했다는 정황을 확보했다. 이 전 의원이 중진공 이사장에 취임한 시기는 2018년 3월인데, 공모하기 전인 2017년 말 청와대 비공식회의에서 이미 내정됐다는 것이다. 당시 참석한 인사는 임종석 비서실장, 조현옥 인사수석 등이다. 이 전 의원이 대통령 사위에게 금전과 편의를 제공한 사실도 확인됐다. 타이이스타항공 박 대표는 검찰 조사에서 "문 전 대통령 사위에게 월급 800만 원과 주거비 350만 원을 지원했다"고 진술했다. 중진공 직원들도 동원된 걸로 드러났다. 중진공 태국지사 직원은 "태국 국제학교 리스트와 아파트도 알아봤다"면서 "어떤 목적인지는 몰랐다"고 검찰에 진술했다. 과연 대통령 사위에 대한 편의 제공와 공공기관장 임명 사이에 대가성이 인정될지 지켜볼 일이다.

2024년 1월 29일 대통령 사위는 전주지검에 출석해 '타이이스타항공 특혜 채용' 관련 조사를 받았다. 사위는 진술거부권을 행사했다.

법원이 이상직을 타이이스타항공 실소유주로 판단한 이유는?

2023년 5월 검찰은 이상직 전 의원을 타이이스타항공 실소유주로 보고 기소했다. 검찰은 2017년 1월 태국에서 이스타항공 티켓판매 대행업체를 운영하던 박석호가 이상직 전 의원의 승인을 받아 타이이스타항공을 설립한 걸로 봤다.

우선 두 회사의 연관성은 서류에서 드러난다. 등기부등본상 두 회사의 법인 주소는 동일하다(태국 현지 과장도 두 회사가 모든 걸 공유한다고 했다). 또 박석호 타이이스타항공 대표는 이스타항공에어서비스 대표도 맡고 있다. 심지어 거액의 지급 보증도 맺었다. 2019년 이스타항공이 타이이스타항공의 항공기 리스료를 모두 지급 보증하겠다는 계약을 맺었다. 보증 규모는 3,100만 달러(약 350억 원)다. 관계없는 회사라면 이런 거액의 지급 보증을 맺을 이유가 없다.

타이이스타항공 설립자금이 이스타항공에서 나왔다는 의혹도 있다. 이스타항공이 2017년 이스타항공에어서비스에 대해 71억 원 상당의 외상채권을 설정했는데, 이 채권을 '회수 불능으로 판단'해 손실 처리해 버렸다. 그런데 그해 초 타이이스타항공이 설립됐는데 자본금이 약 71억 원이었다. 외상채권과 타이이스타항공 설립 자금이 똑같다.

박 대표의 행보도 두 회사의 연관성을 뒷받침했다. 박 대표가 검찰 조사받으러 갈 때 주변에 "이상직 의원에게 검찰 조사받는다고 전해 달라"고 요청했다고 한다. 검찰은 이 외에도 이스타항공 전·현직 직원들의 이메일 송·수신 내역 등을 통해 타이이스타항공과 관련한 의미 있는 증거를 확보한 것으로 알려졌다.

결국 2024년 1월 24일 전주지법 1심은 이상직 전 의원을 타이이스타항공의 실소유주로 판단했다. 타이이스타항공의 항공기 리스료 보증과 설립 비용 마련 등이 이 전 의원에 의해 이뤄진 것으로 인정됐다. 이 전 의원은 징역 2년, 박 전 대표는 징역 2년 6개월에 집행유예 4년을 선고받았다.

이 전 의원은 이와 별개로 2023년 4월 27일 대법원에서 이스타항공 횡령, 배임 등의 혐의로 징역 6년이 확정되어 현재 수감 중이다.

30
대통령 외손자의 서울대병원 진료

　서울대병원은 국내 최고 의료시설 중 하나다. 그래서 몇 개월, 몇 년을 기다려서라도 서울대병원에서 진료받으려는 환자들이 많다. 2022년 6월 어느 날 자신을 서울대병원에서 일한다고 밝힌 사람에게서 연락이 왔다. 여러 고민 끝에 전화한다며 청와대 얘기를 꺼냈다. 얼마 전 대통령 가족이 서울대병원을 다녀갔는데 대통령 가족이면 이래도 되는 거냐고 했다. 무슨 문제가 있나요?

　"새치기하면 안 되잖아요."

　자초지종은 이렇다. 얼마 전 청와대가 서울대병원에 연락해 '내일 대통령 외손자가 소아청소년과에 간다'고 했다는 것이다. 서울대병원은 전국에서 환자가 모여들기 때문에 바로 진료받을 수 없고, 보통 예약하고 몇 개월 뒤 진료받을 수 있다. 제보자는 대통령 본인과 배우자에 대해서는 언제든지 병원 진료가 가능하지만, 대통령 외손자의 경우에는 해당되지 않는다며 이러면 '새치기 진료'라고 했다. 또 방문한

김에 다른 과 진료도 같이 봤다며 이것도 특혜고 「김영란법」 위반이라고 했다. 「김영란법」은 2016년 9월부터 시행된 법으로 정식 명칭은 「부정 청탁 및 금품 등 수수의 금지에 관한 법률」이다. 이 법에 따르면 공직자와 언론인, 사립학교 임직원 등은 부정한 청탁을 받아서는 안 되며, 부정한 청탁을 받고도 신고하지 않으면 처벌받을 수 있다. 서울대병원은 이 법의 적용을 받는다.

서울대병원 예산 담당자에게 전화했다. 담당자는 알아보고 연락주겠다고 했다. 좋지 않은 신호다. 보통 알아본다는 말은 상사에게 보고한다는 말인데, 청와대가 관련된 일에 상사가 국회에 사실대로 알려주라고 할 가능성은 높지 않다. 그 길로 택시를 타고 서울대병원으로 향했다. 예산 담당자에게 전화해 본관 2층 커피숍에서 보자고 했다. 담당자는 마지못해 나온 티가 역력했다. 이리저리 얘기해도 담당자는 보좌관님 저는 몰라요, 말씀드릴 수 없습니다, 만 반복했다. 한참 실랑이했다. 지금 우리 대화도 낱낱이 기록해서 상사에게 보고할지도 모른다. 어쩌면 상사가 어디서 지금 우리를 지켜보고 있던가. 결국 대화는 별 소득 없이 끝났다.

1층 로비로 내려갔다. 원무과는 분주했다. 누구에게도 말을 걸 수 있는 상황이 아니었다. 모두 각자 일에 집중하고 있었다. 청소 전담 직원을 찾아 병원을 돌아다녔다. 마침 한 분을 만났다. 안녕하세요? 뭐 좀 여쭤보려는데요.

"혹시 얼마 전에 VIP 왔다 갔어요?"

그분은 "브이 뭐요?"라고 되물었다. 아 네 VIP요, 혹시 대통령 가족이 병원에 왔나 해서요.

"아뇨, 모르겠는데요."

국회에서는 VIP가 방문할 경우, 경호나 출입제한 등 여러 주의사항을 알려주기 위해 청소 직원에게 대략적인 상황을 공유하곤 한다. 서울대병원도 그럴 거라 예상했다. 다른 청소 직원한테도 물었지만 모두 처음 듣는 표정이었다.

지하 1층에서 우연히 서울대병원 노조사무실을 발견했다. 사측과 갈등 관계에 있는 노조라면 살짝 알려줄지 모른다는 생각이 들었다. 자세히는 아니더라도 대통령 가족이 다녀갔는지 또는 새치기를 했는지 여부는 알려주지 않을까 기대했다. 노조는 회의 중이었다. 여러 번 오갔지만 계속 회의 중이었다. 다섯 번째쯤 갔을 때 아예 죽치고 앉아 기다렸다. 회의가 마무리될 즈음 누군가 회의실에서 나와 명함을 달라고 했다. 명함을 가지고 돌아간 지 10초쯤 지났나. 갑자기 회의실 문이 벌컥 열리더니 노조 간부가 성큼성큼 다가와 대뜸 나가세요, 했다. 나는 일어나 안녕하세요, 인사했다. 간부는 거듭 나가세요, 했다. 제가 찾아온 이유도 말씀 안 드렸는데… 라고 말해도 간부는 나가세요, 당에서 우리한테 어떻게 했는지 모르시죠? 할 말 없어요, 나가세요, 했다. 당과 노조를 언급한 걸 보니 조민의 가짜 진단서 의혹 때문은 아닌 것 같았다. 도대체 왜 그럴까? 아마도 노조가 당에 요청한 것이 있는데 협조가 되지 않았고 그때의 불만이 아직 있나 보다, 짐작했다.

다시 1층으로 올라왔다. 여기저기 돌아다녀도 다들 바쁘고 통제된 구역도 많아 알아보기가 쉽지 않았다. 이미 반나절이 흘렀다. 국회로 돌아가 다른 방법을 찾아봐야 하나. 본관 앞 택시 정류소로 가는 길에 경비원이 보였다. 마지막 심정으로 물었다. 안녕하세요? 국회에서 왔는데요.

"저 혹시, 지난번에 VIP 왔었나요?"

"네, 왔는데요."

언제 왔어요? 경비원은 주머니에서 휴대전화를 꺼내며 단톡방에 찾아봐야 하는데… 했다. 침을 꼴딱 삼키고 기다렸다. 청와대의 경호 협조 등이 필요하니 서울대병원 경비원과 대통령 가족 방문 일정을 공유했을 가능성이 크다. 언제 왔는지 알려주면 '그날 대통령 외손자가 온 거죠?' 물어볼 참이었다. 경비원이 갑자기 고개를 들었다.

"근데 그거 왜 물어보세요?"

그냥 확인하려구요. 그러니까 그걸 왜 확인하려 하느냐구요. 마땅한 답이 떠오르지 않았다. 아… 네 알겠습니다, 인사하고 택시 정류소까지 쭉 걸어갔다. 뒤통수가 간지러웠다. 뒤돌아봤다. 경비원은 나와 휴대전화를 번갈아 보며 휴대전화기에 뭔가 열심히 입력하고 있었다. 아마도 단톡방에 '국회에서 왔다는 사람이 VIP 방문 여부를 묻고 다님'이라고 쓰고 있겠지. 그러거나 말거나 그때였다.

신기하게도 경비원 넘어 건물이 눈에 띄었다. 간판에 '어린이병원'

이라 쓰여 있었다. 어린이병원 건물이 따로 있을 거라고 생각도 못 했다. 본관은 복도 중간중간에 직원만 출입할 수 있는 유리문이 있어서 전체를 둘러보지 못했다. 직원이 지나가면 따라 들어가서 살짝 보고 나오는 정도였다. 본관 2, 3층에 소아청소년과로 가는 구름다리 복도가 있었지만 지나가는 직원이 없어 들어가지 못했다. 저기가 핵심이다, 어린이병원으로 향했다. 나를 따라 천천히 움직이는 경비원의 시선이 느껴졌다.

다시 처음부터 시작했다. 청소 직원을 찾아 VIP에 대해 물었다. 역시 모른다는 답변이었다. 복도를 따라 걷다가 의료진 간부가 일하는 사무실을 발견했다. 노크했다. 안에서 후다닥 발걸음 소리가 들렸다. 문이 열렸다. 명함을 주자 흔쾌히 들어오라며 반겨주었다. 맑은 녹차가 나왔다. 작은 테이블에 앉아 의례적인 인사를 나누었다. 그런데 무슨 일로 오셨어요? 당당하게 용건을 밝혔다.

"얼마 전에 VIP 다녀가셨죠?"

네, 오셨어요. 제대로 확인되는 순간이다. 침착하게 다음 질문을 던졌다. 언제 오셨어요? 5월 20일경 왔고 부하 직원으로부터 '청와대에서 내일 소아청소년과 방문한다는 연락이 왔다'는 보고를 받아서 알게 됐다고 했다. 경호원을 많이 데리고 왔나요? 단출하게 왔다고 했다. 별도의 방에서 대기하지 않고 소아과 앞 벤치에서 대기하다가 진료받았다고 했다. 하루 전 신청하면 다음날 바로 진료를 받을 수 있나요? 아뇨, 보통 몇 개월 걸리죠. 그런데 보좌관님, 어느 VIP를 말하는 거에요?

"대통령 외손자요."

거꾸로 질문을 받아 당황했지만 있는 그대로 말했다. 아 네, 짧게
답했다. 대화를 이어갔다. 진료비는 누가 냈어요? 보통 VIP는 두 가지
방법으로 내는데, 디파짓(deposit, 보증금)을 걸어두고 차감하거나, 나중
에 다른 사람이 와서 후불로 정산하는 방법이 있다고 했다. 대통령 외
손자는 아마 후불로 정산했을 거라고 했다. 그날 다른 과 진료도 받았
어요? 제보자는 대통령 외손자가 예정에 없던 다른 과 진료를 봐서 의
료진들이 짜증을 냈다고 했다.

"그건 모르겠는데요."

라고 하면서 저기 보좌관님, 더 자세한 내용은 저희 말고 국회업무
팀이나 대변인실에 문의해야 할 거 같습니다, 라고 했다. 녹차는 샛노
랗게 변해있었다.

택시를 타고 국회로 돌아왔다. 택시 안에서 혼자 중얼중얼하면서
머릿속으로 대화 내용을 정리했다. 질의서 형식으로 작성해 의원님
께 보고했다. 부담스러워했다. 국회예결위에서 대통령실 비서실장과
경호처장에게 질문할 기회가 있었지만 하지 않았다. 언론을 통해 문
제 제기하기로 했다. 조국 사태로 인연이 있던 기자에게 연락했다. 기
자는 기사 작성 후 청와대에 공식 입장을 요청했는데, 영부인 김정숙
여사가 이 얘기를 듣고 매우 화를 냈다고 했다. 이 때문인지 언론사는
보도 시기를 보자며 잠깐 보류한다고 했다. 시간이 흘렀다. 보도는 미

뤄졌다. 더 시간이 흘렀다. 보도는 없던 일이 되는 듯했다.

제보자로부터 연락이 왔다. 대통령 가족이 법을 위반했는데 국회에서 질의도 하지 않고 언론도 보도하지 않는 이유를 납득할 수 없다고 했다. 그러자 갑자기 자기가 기자회견을 할 테니 국회 기자회견장을 잡아줄 수 있느냐고 물었다. 나는 거꾸로 괜찮으시겠어요? 물었다. 일주일 정도 기다려 달라고 했다. 시간이 흘렀다. 연락이 없었다.

어느 날 곽상도 의원실 보좌관한테서 연락이 왔다. 내가 서울대병원에서 조사한 얘기를 들었다며 잠깐 와서 설명해달라고 했다. 의원님께 설명해 드리니 텍스트로 정리해 달라고 했다. 2020년 12월 22일 곽 의원은 언론을 통해 대통령 가족의 「김영란법」 위반 의혹을 제기했다. 출처는 '전 보좌관의 병원 관계자 면담'이라고 밝혔다. 서울대병원 문서로 확인된 것이 아니니 출처를 밝힐 필요가 있었다(곽 의원실도 서울대병원에 자료제출을 요구했으나 끝내 받지 못했다). 언론에 대대적으로 보도됐다.

2021년 1월 15일 문 전 대통령 딸 문다혜가 병원 진료 기록 무단유출 혐의로 곽 의원과 나를 경찰에 고소했다. 이를 근거로 3월 8일 경찰이 서울대병원 사무실과 서버 등을 압수수색했다. 곧 나에 대한 조사가 시작될 거라 예상했지만 조용했다. 시간이 흘렀다. 1년 5개월이나 지난 어느 날 서울경찰청 사이버수사대에서 연락이 왔다. 피고소인 조사를 받으라는 것이다. 왜 이렇게 한참 지나서 조사하나요? 코로나19 등으로 늦어졌다고 했다. 경찰에 출석해 있는 그대로 얘기했다.

문 전 대통령측은 서울대병원 직원 중 누군가 몰래 빼돌린 '진료 기록'을 내가 입수한 걸로 의심하고 있었다. 하지만 나는 서울대병원으로부터 어떠한 자료도 받지 않았다. 사무실로 걸려 온 전화 제보를 확인하기 위해 병원을 방문했고, 관계자에게 물었고, 마침 관계자가 알려주었다. 경찰은 왜 자료제출을 요구하지 않고 서울대병원에 갔느냐고 물었다. 담당자와 자료제출 요구를 위해 통화했으나 제출을 거부했고, 직접 만나서 요구해도 자료제출을 거부했다. 그래서 「국회법」에 따라 부득이하게 현장 방문 조사한 것이라고 했다.

나는 2023년 3월 10일 서울경찰청 사이버수사대로부터 '혐의없음' 결정 처분을 받았다.

아직도

그럴 리가 없다고 믿는 사람들에게 바칩니다.

수많은 사람의 노력과 도움으로 전대미문의 국론 분열 사태의

실체를 밝힐 수 있었습니다.

이 기록을 역사에 남겨 반복되지 않기를 바랍니다.

조국 재판일지

<2019년>

▲ 8월 9일 문재인 대통령, 법무부 장관으로 조국 전 청와대 민정수석 내정

▲ 8월 14일 문 대통령, 조국 후보자 인사청문요청안 국회 제출. 배우자·자녀의 사모펀드 74억 원 투자 약정 사실 공개

▲ 8월 19일 조 후보자 딸 조민 씨가 부산대 의학전문대학원에서 낙제하고도 6차례에 걸쳐 장학금을 수령했다는 의혹 제기됨

▲ 8월 20일 조민 씨가 고등학교 때 의학 논문 1저자로 등재되고 이를 대학 입시에 활용했다는 의혹 제기됨

▲ 8월 27일 서울중앙지검 특수부, 서울대·부산대 등 30여 곳 압수수색

▲ 9월 6일 인사청문회 개최. 검찰, 조 후보자 부인 정경심 동양대 교수 표창장 위조 혐의 기소

▲ 9월 9일 문 대통령, 조국 후보자 법무부 장관으로 임명

▲ 10월 14일 조국 장관, 취임 35일 만에 사퇴.

▲ 10월 23일 법원, 정경심 교수 구속영장 발부. 서울구치소 수감

▲ 12월 31일 검찰, 가족 비리 의혹 관련 뇌물수수 등 혐의로 조국 전 장관 불구속 기소

<2020년>

▲ 1월 29일 서울대, 조국 법학전문대학원 교수직에서 직위 해제

▲ 12월 23일 법원, 정경심 교수에게 1심 징역 4년 선고 후 법정구속. 벌금 5억 원과 추징금 1억 4천여만 원도 함께 선고

<2021년>

▲ 8월 11일 법원, 정 교수 항소심 징역 4년과 벌금 5천만 원 선고

▲ 8월 24일 부산대, 조민 씨 의전원 입학 취소 예비행정처분 결정

▲ 8월 31일 동양대, 정 교수 면직 처리

<2022년>

▲ 1월 27일 대법원, 정 전 교수 징역 4년 확정

▲ 2월 25일 고려대, 조민 입학 취소 결정

<2023년>

▲ 2월 3일 법원, 조 전 장관에게 자녀 입시 비리와 유재수 전 부산시 경제부시장에 대한 감찰 무마 등 혐의로 징역 2년 선고. 정 전 교수 징역 1년 추가

▲ 6월 13일 서울대 교원징계위원회, 조국 교수 파면

<2024년>

▲ 2월 8일 서울고법 형사13부(재판장 김우수)는 업무방해·청탁금지법 위반, 직권남용 권리행사방해 등 혐의로 기소된 조 전 장관에게 1심과 마찬가지로 징역 2년의 실형을 선고. 재판부는 조 전 장관이 딸과 아들의 입시를 위해 허위 인턴십 확인서와 체험활동 확인서를 제출해 서울대 의학전문대학원과 고려대·연세대 대학원의 입학 업무를 방해한 혐의, 아들의 조지 워싱턴대 온라인 시험을 함께 치른 혐의(업무방해) 등을 모두 유죄로 판단. 노환중 전 부산의료원장으로부터 딸 장학금 600만 원을 수수한 혐의(청탁금지법 위반)도 유죄로 인정. 다만 장학금을 뇌물로 인정하지는 않았음. 조 전 장관이 유재수 전 부산시 경제 부시장에 대한 청와대 특별감찰반의 감찰을 무마한 혐의도 유죄로 판단. "조 전 장관이 자신의 범행을 인정하거나 잘못을 반성하는 태도를 보이지 않고 있다"는 게 선고 이유. 다만 "증거를 인멸하고 도주할 우려가 있다고 보기 어렵다"며 법정 구속은 하지 않았다.

조 전 장관은 선고가 끝난 뒤 기자들과 만나 상고해 대법원의 판단을 받겠다고 밝혀. "저와 가족으로 인해 국민 사이에 분열과 갈등이 일어나고, 국민께 부족하고 실망스러운 모습을 보인 데 다시 한번 사과드린다"면서도 "포기하지 않겠다. 검찰 개혁을 추진하다가 무수히 쓸리고 베었지만 그만두지 않고 검찰 독재를 막는 일에 나설 것"이라고 말하며 "조만간(출마 관련) 공식 입장을 밝히겠다"고 말했다.

한편 이날 재판부는 함께 재판에 넘겨진 노환중 전 부산의료원장에 대해 "1심에서 선고한 형이 무거워서 부당하다"며 징역 6개월에 집행유예 1년을 선고했던 1심을 깨고, 벌금 1천만 원으로 감형. 유 전 부시장에 대한 감찰을 무마한 혐의로 함께 기소된 백원우 전 민정비서관과 박형철 전 반부패비서관에 대해선, 백 전 비서관은 1심과 같이 징역 10월, 박 전 비서관은 무죄로 봤다.

그는 그날 머리를 쓸어넘기지 않았다

좌파 아이콘 조국

초판 1쇄 발행 | 2024년 2월 7일
초판 2쇄 인쇄 | 2024년 2월 14일

지은이 | 이준우
펴낸이 | 안병훈

펴낸곳 | 도서출판 기파랑
등 록 | 2004. 12. 27 제300-2004-204호
주 소 | 서울시 종로구 대학로8가길 56 동숭빌딩 301호   우편번호 03086
전 화 | 02-763-8996 편집부 02-3288-0077 영업마케팅부
팩 스 | 02-763-8936

이메일 | info@guiparang.com
홈페이지 | www.guiparang.com

ISBN 978-89-6523-501-9   03300